Joyce C. Mills

Resgatando a Magia da Vida

Tradução de
Adriana Mancini
Eliete do Carmo Alves Pinto

EDITORA DIAMANTE

Belo Horizonte
2006

TRADUÇÃO Adriana Mancini
Eliete do Carmo Alves Pinto
REVISÃO Marilia Baker
Gustavo Mendonça
Ângela Castro
CAPA adaptada do original de Iris Jeromnimon

PROJETO GRÁFICO Equipe da Editora Diamante
EDIÇÃO EM INGLÊS *Reconnecting to the Magic of Life*
ISBN 0-9673280-0-4 / 1ª edição: 1999
Published by Imaginal Press
10249 N. 25th Street
Phoenix, AZ 85028

Ficha catalográfica elaborada pela Bibliotecária Ana Cristina de Vasconcelos - CRB 6/505

Mills, Joyce
M657r.Pm Resgatando a magia da vida : histórias e práticas para alegrar o coração e nutrir a alma / Joyce C. Mills ; tradução de Adriana Mancini, Eliete do Carmo Alves Pinto. - Belo Horizonte : Diamante, 2006.
335 p. : il.

Tradução de: Reconnecting to the magic of life.

Bibliografia: p. 324-329.

ISBN: 85-89351-07-6

1. Auto ajuda. 2. Auto confiança. 3. Comportamento. 4. Modificação. 5. Psicoterapia ericksoniana. 6. Psicologia Breve. 7. Histórias. I. Mancini, Adriana. II. Pinto, Eliete do Carmo Alves. III. Título.

CDD : 158.1

Caro leitor, cara leitora,

Se eu perguntasse a cem pessoas porque elas escolheram este livro, eu provavelmente ouviria cem motivos diferentes. Mas há um fio em comum que liga esses motivos, e que pode ser encontrado em uma palavra – busca. Busca. Busca de que? De paz, de renovação, de alegria, de amor... e você, leitor(a), mais do que ninguém, é quem melhor sabe o que está buscando.

O que *eu* sei é que há algo nas palavras "Resgatando a Magia da Vida" que chamou sua atenção. A verdade é que todo o conteúdo deste livro está nos espaços silenciosos e pessoais que se encontram entre essas palavras. *Resgatando... a Magia... da Vida.*

Eu mostrarei caminhos para redescobrir esses espaços, encontrá-los, e reivindicar sua posse. Eu contarei histórias. E nessas histórias há partes de você, de mim, e daqueles e daquelas que vieram antes e que não vieram ainda. E é na ressonância que um profundo aprendizado acontece, que o resgatar começa a criar raízes.

Também mostrarei alguns exercícios essenciais de "alongamento". Esses exercícios não são concebidos para ajudá-lo a tocar seus dedos do pé, mas para encorajá-lo a *tocar o céu.* Os exercícios trabalham aqueles músculos que freqüentemente são negligenciados, aqueles que nos permitem ver além das frustrações da vida cotidiana. As histórias revelam. Os exercícios permitem internalizar e integrar as revelações.

No final, *Resgatando a Magia da Vida* é um guia para recomeços. Quando você fechar o livro, descobrirá que seu coração e sua mente estão mais abertos – e que eles podem se abrir cada vez mais, não importando a dificuldade que o mundo lhe apresente, você tem cada vez mais confiança na vida.

Joyce C. Mills

DEDICATÓRIA

À adorável lembrança de minha linda mãe, Rose,

que me deu o precioso dom da vida.

Aos sábios ensinamentos de minha avó Fannie,

minha Bubbie.

Às risadas das crianças...

e

Às histórias já contadas e àquelas ainda por contar.

ÍNDICE

NOTA DA AUTORA

Por respeito e a pedido de meus parentes nativo-americanos, escolhi adaptar e, em certos casos, omitir detalhes específicos das cerimônias mencionadas neste livro para proteger e honrar o seu aspecto sagrado.

Também modifiquei nomes em certas narrativas por discrição para com aqueles e aquelas que tão generosamente compartilharam histórias comigo.

PREFÁCIO À EDIÇÃO AMERICANA

Resgatando a Magia da Vida é uma jornada comovente, divertida, às vezes dolorosa, compartilhada conosco por uma autora que se aventura a penetrar bem fundo dentro de si mesma para contar uma história – uma história que, ela espera, irá inspirar-nos a contar a nossa própria.

A Dra. Joyce Mills é uma hipnoterapeuta ericksoniana e a autora de um maravilhoso livro sobre como criar metáforas terapêuticas para crianças. Nós nos conhecemos num workshop que ministrei, numa conferência cujo objetivo era integrar os ensinamentos ericksonianos e as filosofias de cura dos nativo-americanos. No término do workshop, Joyce seguiu perguntando como ela poderia aprender mais sobre a filosofia dos nativo-americanos e sua transmissão de sabedoria através da tradição oral.

Geralmente, não encorajo as pessoas a ir às nações indígenas ou a participar de cerimônias nativas. Muitos nativo-americanos acham que sua vida espiritual é a única coisa que ainda continua deles mesmos. A tradição oral requer tempo sentado ao redor de fogueiras, cantando canções e admirando a força da cerimônia.

Tento dissuadir as pessoas a experimentar esta jornada, mas Joyce não aceitava um não. Convidei-a, então, para vir participar de um retiro do Projeto Turtle Island. O projeto, uma instituição sem fins lucrativos fundada por curadores nativos e não nativos, foi pioneiro na idéia de usar ritual e cerimônia de cura como uma aplicação prática da nova ciência da psiconeuroimunologia, ou medicina mente/corpo/espírito.

Joyce envolveu-se intimamente com o Projeto Turtle Island. Durante a última década, estabeleceu fortes relacionamentos e participou de cerimônias sagradas com muitos de nossos parentes nativo-americanos. Joyce compreende, intrínseca e intimamente o poder da sugestão e a importância das histórias de cura.

Neste livro, Joyce junta toda sua diversidade de aprendizagens. Você encontrará nele uma série de recursos, de passos como ela os denomina, que o ajudarão a reconhecer onde está bloqueado em sua vida ou sentindo-se num beco sem saída, para então descobrir novos caminhos. Descobrirá também como confrontar o medo e como fazer surgir a confiança. Aceitando nossa conduta, pensamentos e sentimentos, até abraçando-os, começamos a criar a possibilidade de novos finais em nossa história pessoal. Joyce nos mostra como desenterrar nossos recursos próprios, provendo histórias e experiências que podem inspirar a visão e a habilidade de fluir em nosso mundo de constantes mudanças.

Resgatando a Magia da Vida ajudará você a compartilhar suas próprias histórias. Contá-las em mesas de jantar e ao redor das fogueiras de acampamento – contar as histórias pessoais, histórias tribais, histórias bíblicas. Ao contar, há cura. Aqui está um livro que pode ajudar você a continuar sua jornada com maior alegria e esperança.

Carl A. Hammerschlag, M.D.

Co-fundador do Projeto Turtle Island

Ganhador do National Caring Award 1998

Autor de *A Dança dos Curandeiros* e *O Roubo do Espírito*, ambos publicados pela Editora Nova Era, e *Healing Ceremonies* (Cerimônias de Cura) não publicado em português.

PREFACIO À EDIÇÃO BRASILEIRA

"Nem sempre faz sol, nem sempre chove,
nem sempre choramos quando precisamos,
nem sempre rimos quando queremos...
Mas podemos sempre contar uma história..."
- Luis Coutinho*

É com imenso prazer e honra que escrevo este prefácio ao *Resgatando a Magia da Vida*. É também com imenso prazer e honra que apresento sua autora, a Dra. Joyce C. Mills, ao público brasileiro e de língua portuguesa. Sua importante obra está sendo lançada pela primeira vez no Brasil, através do Instituto Milton H. Erickson de Belo Horizonte e da Editora Diamante. As contribuições de Joyce Mills tanto ao público em geral como ao profissional vêm sendo aclamadas desde 1986, particularmente no que se refere ao seu vital trabalho com crianças, jovens adolescentes e mulheres. Seu primeiro livro** foi publicado nessa época. Diz Ernest Rossi dele: "... sua contribuição às novas maneiras de criar metáforas e de contar histórias, utilizando-as terapeuticamente, vai muito além de seu excelente trabalho com crianças: abre as portas a uma compreensão mais abrangente e profunda do processo de solução de problemas e facilita o crescimento pessoal". Este trabalho foi merecedor do *Premio Clark Vincent* de 1988, por ser uma "contribuição excepcional à profissão através de uma obra

---

*Luis Coutinho, escritor português e contador de histórias. *Escrevo enquanto chove lá fora...* 2006.

**Mills, J. & Crowley, R. *Therapeutic metaphors for children and the child within*. New York: Brunner/Mazel, 1986. (Ainda não traduzido ao português).

literária". E, agora, recebemos, em nosso país e em nossa própria língua, o prêmio de ter mais uma contribuição excepcional da autora, o *Resgatando a Magia da Vida.*

Escrevo enquanto começa o dia lá fora, e o sol desponta... Escrevo enquanto os passarinhos no meu jardim lá fora cantam, piam, pipilam, gorjeiam alegre e intensamente, *parecendo até* que estão contando suas histórias de ontem, de anteontem, ou de antanho, uns aos outros. É uma sensação que tenho freqüentemente ao escutá-los. Sempre parecem estar conversando e contando histórias. Penso sempre: que histórias são essas que estarão contando? Imagino que não sejam diferentes das nossas. Imagino que eles também, como todos nós, precisem de uma conexão, de algum tipo de narrativa, cujo sentido, à primeira vista é muitas vezes intangível, mas que seja de coração a coração, para nutrir o espírito e regenerar a alma. Joyce Mills consegue captar esse intangível através de sua narrativa. E, resgatar a magia da vida...

Tenho tido o privilegio do contato íntimo com Joyce aqui no Arizona desde 2001. Eu já a conhecia através de seu primeiro livro, de seus contos terapêuticos infantis e, pessoalmente, através dos muitos congressos ericksonianos, ao longo dos anos. Sempre achei seu trabalho muito original e útil. Sua maneira de ser é também muito *sui generis* e cativante. E agora, estou muito feliz e gratificada de vê-la traduzida ao português. Sua presença entre nós será certamente muito apreciada!

Além de excelente e experiente terapeuta, é uma contadora de histórias muito perspicaz e sofisticada, como você poderá constatar e, *vivenciar,* no decorrer desta extraordinária narrativa, que é ao mesmo tempo didática, terapêutica, científica, encantadora e *mágica.* Das *histórias* que Joyce conta nascem os *passos,* passos esses organizados científica e didaticamente com objetivo de fazê-lo recontatar, reconectar, recuperar, restaurar, regenerar, renovar, resgatar seus recursos internos – *desde suas raízes.*

No decorrer da narrativa vamos encontrar dezenove passos. Cada um deles foi construído com base no outro, para conduzir-nos a conviver mais e mais intimamente com essas *raízes profundas.* Cada um deles, *passos,* tem um nome muito original, como "O vaso de sonhos", "Criando um fundo de bênçãos", "Meditação com as canções do coração", "A magia da borboleta – quatro passagens para o milagre da mudança", "Minha caneca da alegria", ou então, "Cerimônias da água para homenagear a vida", concluindo com o décimo nono passo: "A garrafa de lembranças". Nomes, todos esses, baseados em conceitos curativos e regenerativos que, muitas vezes, foram passados de geração a geração ou foram frutos do 'olhar clínico', sofisticado e humano, perspicaz e perseverante, da autora. Quantas vezes não me emocionei, profundamente e até às lagrimas, ao ler e estudar esses passos... Tornei-me um ser humano melhor e maior, ao caminhar por eles.

Gosto de chamar esses passos de "O modelo Joyce Mills" não só porque emergiram do mais profundo de seu conhecimento profissional, e de suas vivências pessoais, mas também de um processo alquímico de *transfertilização* e *transformação*: ouviu no colo da avó, sua adorada *Bubbie*, as primeiras histórias da tradição judaica, aprendeu com a Vida todas as outras. *Transfertilizou-se*, em proximidade intima com as culturas nativo-americanas e havaianas, soube utilizá-las tecnicamente e transformá-las a serviço do bem para a humanidade. Não há melhor projeto.

Como diz a psicóloga Angela Cota, diretora do Instituto Milton H. Erickson de Belo Horizonte, e responsável pelo lançamento da obra de Joyce no Brasil, juntamente com Gustavo Mendonça, seu co-diretor de Instituto, "Contar histórias é uma arte. *Ser transformado* por elas é um privilégio"... Obrigada Angela, obrigada Gustavo! Somos muito privilegiados de agora poder ler Joyce Mills em português e, de tê-la entre nós, compartilhando seus conhecimentos e sabedoria. E porque também, sua voz será transfertilizada e *transformada* em contato com a nossa. Bem-vinda seja entre nós, Joyce Mills!

Marilia Baker

Autora de *Homenagem a Elizabeth Moore Erickson. Mulher extraordinária, profissional, esposa, mãe e companheira.*

INTRODUÇÃO

...E ISSO ME FAZ LEMBRAR DE UMA HISTÓRIA

"No pó, onde enterramos as raças silenciosas...
enterramos muito da delicada magia da vida."

- D. H Lawrence[1]

Como é que uma criança judia, nascida no Bronx, acabou sentada numa tenda indígena no Arizona entoando canções hebraicas, preparando caldo de frango com bolinhas de matzá[*] para seus parentes adotivos navajos, e se mudando para Kauai depois de 27 anos vivendo em Los Angeles, só para ter como "boas-vindas" a tempestade mais devastadora que abateu as ilhas havaianas? Ufa! Quando penso nisso,

[*]Nota de tradução: espécie de pão não fermentado.

acho que é tudo parte de um Mistério maior do que eu, um simples ser humano, posso explicar. Talvez seja este Mistério a conexão com aquela "delicada magia da vida", como diz D. H. Lawrence. Acredito que uma das missões mais importantes que temos neste século XXI é ajudar-nos e ajudar àqueles com quem trabalhamos e convivemos para, juntos, resgatarmos a magia da vida.

Nos últimos anos, com o advento da explosão tecnológica, parece que nos tornamos uma sociedade que valoriza *clicar* e *navegar* mais que *tocar* e *sentir*. Temos que nos lembrar que *magia* não está tanto no apertar de um botão quanto está no aroma de uma rosa, no toque da pele de um recém-nascido ou na risada de uma criança. Ela está no aparecimento de uma lágrima, de um arco-íris e na primeira pequena batida do coração sentida dentro do ventre de uma futura mãe.

Nosso desafio é: Como nos reconectamos com a magia da vida quando a vida não parece mágica? Quando a vida tem trauma, estresse e dor? Quando a vida apresenta o que parecem ser tempestades pessoais em forma de insensibilidades, injustiças e agressões à nossa própria alma? Para mim, essa reconexão acontece através das histórias que contamos. As histórias e contos são os remédios da Alma que atuam como ervas naturais para a cura e a autodescoberta. Como a analista junguiana e contadora de histórias Clarissa Pinkola Estes[2] nos relata: "As histórias colocam a vida interior em movimento e são particularmente importantes onde a vida interior está amedrontada, contida ou encurralada".

No passado, em minha infância, sempre utilizei histórias para me comunicar. Minha mãe costumava me contar que, quando eu era muito pequena, eu conversava com qualquer um no metrô e contava a eles histórias... e, surpreendentemente, eles nos cediam seu lugar ou simplesmente conversavam conosco. Mamãe também lembrava que eu costumava sempre dar tudo para os outros. Uma vez, quando tinha cerca de oito anos de idade, dei uma medalha que tinha ganhado numa exposição de arte infantil, para uma amiga, cuja mãe tinha morrido recentemente. Eu achava que se desse a ela a melhor coisa que possuía, eu a ajudaria a se sentir melhor. Minha amiga aceitou o presente e nós nos sentamos na varanda abraçadas por um longo tempo. Quando minha mãe me perguntou porque fiz aquilo, respondi, "porque ela precisava disso". Assim como minha amiga precisou da medalha, as pessoas precisam das histórias. Precisamos delas para ajudar a trazer sorrisos para nossas vidas quando nossas vidas estão cheias de lágrimas.

Durante anos, minhas experiências com o povo nativo-americano me ensinaram como ver cada estação da vida como uma história em potencial... um remédio que contém grandes agentes de cura. É uma forma particularmente maravilhosa para eu aprender, porque não sou alguém que se lembra de mapas ou gráficos. Não acredito em curas rápidas. Sempre me encontro gravitando ao redor de pessoas que compartilham sua sabedoria de vida, aprendida vivendo, e não simplesmente lendo os últimos livros sobre "como fazer". Realmente não acredito que a maioria de nós esteja procurando por alguém para contar *como* viver nossas vidas. Como disse o mitólogo Joseph Campbell, "acho que o que nós estamos buscando é uma experiência de estar vivo, para que nossas experiências de vida num plano puramente físico tenham ressonâncias dentro de nosso próprio ser e realidade mais interiores, para que, de fato, sintamos o êxtase de estar vivo". As histórias preparam o caminho para a experiência.

Aprendi muito com os ensinamentos de Milton H. Erickson, um terapeuta conhecido por sua extraordinária habilidade de contar historias e sua maestria no uso da hipnose clínica. Integrando seus princípios com as experiências pessoais que tive através dos ensinamentos dos nativo-americanos, tenho utilizado histórias como sementes em torno das quais todo meu trabalho terapêutico cresceu e continua crescendo. Um cliente me conta seu problema e, depois de algum tempo, uma imagem surge em minha mente que abre uma passagem pela qual uma história emerge. Meus clientes, depois de escutar as histórias, começam a resolver seus problemas ou a encontrar a mensagem de cura que atua como um remédio para suas dores emocionais. Sejam os problemas sobre ter a coragem de falar para alguém sobre si mesmo, ou questões sobre perda, abuso, ou trauma, as histórias oferecem um remédio que permite a meus clientes descobrir o que é importante para eles em sua busca pelo bem-estar.

Acredito que o que a maioria das pessoas esteja procurando é a habilidade de contatar nossa própria sabedoria interior para encontrar soluções para nossos problemas. Onde encontramos esta sabedoria interior? Nas histórias. Mas onde conseguimos as histórias? Algumas histórias vêm de mitos e lendas. Outras histórias vêm de nossas experiências de cada dia da vida com a família, com a natureza e com nós mesmos. De onde quer que venham as histórias, uma coisa é certa... nós nos lembraremos delas. Uma vez contadas, elas nunca podem ser perdidas. Elas são um legado através do qual os seres humanos podem ficar em contato com a vida e encontrar cura.

Em termos modernos, contar histórias pode também ser visto como a *Internet da alma*, ligando-nos com mundos passados, presente, futuros e mágicos. Enquanto trabalhava no meu primeiro livro, *Therapeutic Metaphors for Children and the Child Within*[3] (*Metáforas Terapêuticas para Crianças e para Criança Interior*), meu interesse em contar histórias e em metáforas, levou-me, de forma natural, à pesquisa de como outras culturas usam estas formas antigas de comunicação. Fiquei interessada em contos dos ensinamentos orientais, tais como taoísmo, zen-budismo e hinduísmo, assim como nas histórias do povo nativo-americano, dos bosquímanos da África e das parábolas do hassidismo. Cada história se torna como o grão de uma grande espiga de milho crescendo num vasto milharal chamado *vida*.

Eu me lembro de uma história hassídica que me foi contada por um colega durante um workshop onde eu ensinava o uso de metáforas para a cura com crianças. A história retrata o Baal Shem Tov, um rabino e contador de histórias cujos sábios ensinamentos-vida e feitos milagrosos permanecem lendários depois de centenas de anos. Compartilho com você como a ouvi ser contada:

> *Uma vez, há muito tempo atrás, o Baal Shem Tov estava sendo criticado por muitos companheiros rabinos. Eles achavam que muitas de suas maneiras desonravam o Sabá por encorajar o canto e a liberdade. Na verdade eles questionavam se ele e seus seguidores eram loucos.*
>
> *O Baal Shem foi então indagado por um dos estudantes que perguntou: "o Sr. não acha que este tipo de ensinamento está errado... não acha que é falso?" O Baal Shem Tov respondeu com uma história:*
>
> *"Uma vez, houve um maravilhoso casamento nesta cidade. A casa onde o casamento aconteceria estava cheia de alegria e felicidade. Os músicos tocavam músicas gloriosas e todos dentro dançavam com grande alegria. Do lado de fora, um homem passava e olhou pela janela. Mas tudo que ele viu foi pessoas pulando para lá e para cá, rodopiando e saltando no ar. Ele se distanciou da casa resmungando consigo mesmo que esta devia realmente ser uma casa de loucos. Neste momento, um dos*

homens de dentro da casa abriu as janelas que tinham estado fechadas este tempo todo. O homem se virou de novo em direção à casa, porque agora ele conseguia ouvir a música alegre saindo de lá."

Esta história, que tem sido contada de muitas formas, dá uma mensagem encorajadora. A mensagem que ouvi do Baal Shem Tov é que alguém precisa abrir as janelas da alma se quiser ouvir a música do coração. Não é sempre fácil ouvir a música de nosso coração quando deparamos com adversidade, dor ou trauma. Mas como os velhos nativo-americanos nos dizem, "nós ouvimos quando estamos prontos para escutar".

As histórias, rituais, filosofias de vida e ensinamentos dos nativo-americanos e do povo havaiano foram integrados aos meus próprios aprendizados culturais judaicos e, com um enfoque na cura e no curar, eu passei a aprendê-los, incorporá-los, vivê-los e respeitá-los. Simplesmente está determinado que dentro de tudo na vida há também mistério. Que *pensar* com a mente e não *sentir* com o coração é como um cirurgião indo para a sala de cirurgia sem equipamento. Que nossa maior visão está em ver a magia que existe em tudo na vida.

As histórias neste livro foram pinçadas de muitas fontes: pessoal, profissional, natural, cultural e mística. Elas são histórias que vivi e histórias que foram compartilhadas comigo através dos anos de minha vida e do trabalho com outros. Eu as ofereço a você, juntamente com práticas cuidadosamente elaboradas, que eu chamei de *passos,* para serem usadas como "vitaminas espirituais" para ajudá-lo a confrontar os medos que podem ofuscar sua vida e a descobrir a fé que reside nos espaços silenciosos de seu coração... para ajudá-lo a ver as cicatrizes da vida como marcas de onde você esteve, e não para onde está indo... para ajudá-lo a descobrir e redescobrir a alegria, a cura e a inspiração para alçar vôos... e, acima de tudo, ajudá-lo a conectar-se e a reconectar-se com a magia ressonante que existe em sua própria vida – sua canção do coração.

PARTE UM

RENOVANDO A PARTIR DAS RAÍZES

"Preste atenção no Vento, Ouça sua voz."

- Provérbio havaiano[1]

Todos nós vivemos entre furacões que, de uma forma ou de outra, nos força a processos de mudança, estejamos prontos para mudar ou não. Esses furacões podem vir na forma de uma doença desafiadora, um acidente inesperado, a morte de alguém próximo, abuso físico ou sexual, divórcio, perda da fonte de renda, ou como vivido por milhões ao redor do mundo, em catástrofes naturais ou causadas pelo homem.

Estas tormentas pessoais têm o poder de abalar as bases de nossas crenças e destruir todas as fontes de segurança da vida, como as conhecemos . Nossos sonhos e paixões podem se perder num redemoinho de medo e trauma. Se deixarmos o medo controlar nossas decisões e desejos durante estes tempos de desafio, podemos nos tornar desconectados com a magia que dá sentido e substância para a vida. Permitindo que o medo reine livremente, ele projetará uma nuvem sobre toda idéia que surgir e nos deixará emocionalmente paralisados.

Entretanto, o medo tem grande importância. Pode chamar a nossa atenção para algo significante que está acontecendo em nossas vidas. Como as sirenes que tocam um sinal de alerta antes do furacão, o medo envia sinais químicos por todo nosso corpo, alertando-nos para perigos iminentes possíveis. Porém, o medo é o mensageiro, mas não a mensagem. A mensagem é a fé. E o que exatamente é a fé? Para mim, fé é acreditar... é ser na vida. E ser na vida é a habilidade de se arriscar, confrontar nossos medos e superar tudo com fé.

CAPÍTULO UM

O MEDO É O MENSAGEIRO, A FÉ É A MENSAGEM

"A esperança é algo com penas
Que pousa na alma,
E canta a melodia sem as palavras,
E nunca pára..."

- Emily Dickinson[2]

Alguma vez você já pensou em desistir de tudo e ir viver num paraíso tropical onde a vida é mais simples e mais tranqüila? Onde ternos e gravatas raramente são usados e "se vestir para arrasar" significa tão somente colocar uma bermuda nova e uma camisa florida combinando? Onde há muito espaço para estacionar e poucas filas longas... e onde ninguém está obcecado com calorias e gorduras a mais ou rugas?

Bem, isso é exatamente o que meu marido, Eddie, e eu decidimos fazer depois de 26 anos vivendo em Los Angeles. Em 1990, colocamos nossa casa à venda para nos mudar para Kauai, Havaí, conhecida como a Ilha Jardim do Pacífico. Já havíamos passado para uma outra fase em que o ritmo e estilo de vida que nos pareceu confortável até então já não nos satisfazia mais. Assim sendo, tentamos planejar cuidadosamente. Esperamos até nossos filhos crescerem e planejamos todos os passos para termos condições econômicas suficientes de nos mantermos, até sermos capazes de encontrar trabalho no novo lugar. Sabíamos que uma mudança como esta seria um desafio, mas víamos isso como uma aventura fantástica. Estávamos alegres e entusiasmados só de pensar em acordar vendo um lindo oceano azul quase transparente e desfrutar do incomparável pôr-do-sol havaiano todos os dias. Quando refletimos sobre nosso sonho inicial de simplificar nossas vidas e mudar para Kauai, bem-humoradamente nos referimos àquelas idéias bem-intencionadas como Plano A.

Porém, como se diz, "se algo puder dar errado...". Nosso desejado sonho logo começou a se parecer mais com um pesadelo, quando, mês após mês, o mercado imobiliário na Califórnia seguia caindo vertiginosamente. Finalmente, cansados depois de dois anos e meio de fracas tentativas de venda, organizadas por uma sucessão de quatro corretores de imóveis, vendemos – vendemos não, *demos de presente* – nossa casa, deixando-nos quase sem reserva financeira para realizar essa mudança. O dinheiro que esperávamos ter como garantia até nos estabelecermos na nossa nova e desejada vida mais simples, já não estava mais lá. Nosso alegre Plano A era agora um temido Plano Z do tipo *"Como vamos dar conta?!"* Contudo, com uma atitude de *nada vai nos impedir de seguir nosso sonho*, em 31 de agosto de 1992, em lágrimas, embarcamos em um vôo de sete horas até o pequeno Aeroporto Lihue, com dezenove volumes de excesso de bagagem. Depois de deixar para trás tudo que era familiar e que dava apoio e segurança durante quase todos os nossos 28 anos de casados – família, amigos queridos e uma bem-sucedida e próspera prática clínica de dezoito anos – estávamos, finalmente, em Kauai.

Depois desse período desgastante de luta para vender nossa casa, de arrancar as raízes e finalmente ir embora, pensei que eu me sentiria orgulhosa de ter chegado. Mas não me senti. Ao invés disso, senti a grande garra do medo apertar meu coração à medida que nos dirigíamos para o que seria nossa nova casa, na tranqüila e pequena Kekaha, uma afastada cidade a oeste de Kauai. Dia após dia, a enorme dimensão da mudança tornou-se mais real para mim. Já não era mais um sonho. Tudo era realidade agora. Estávamos no Paraíso, mas sem saber como ganhar a vida e quase sem recursos financeiros para nos ajudar. Somando a isso a distância dos amigos, da família e de minhas raízes espirituais, eu me perguntava se conseguiria suportar os sentimentos de perda e medo. Eu realmente não tinha resposta. Sabia que precisava de tempo para não fazer nada... para simplesmente ser... para ponderar sobre o que significava esta grande mudança de vida.

Depois de nove dias dormindo no chão, num colchão de ar, nossas 267 caixas com móveis, roupas e outras coisas essenciais chegaram. Agora era 10 de setembro de 1992 e ali estava eu, sentada no chão de ladrilho branco da sala da nossa casa de dois quartos e telhado de flandres – no meio de uma floresta de caixas esperando para serem abertas.

Sentindo-me cansada, exausta e oprimida, de repente, me vi soluçando a medida em que continuava a desempacotar. "Estamos loucos? O que foi que fizemos?" Perguntava a mim mesma. Com lágrimas descendo pelo rosto, eu disse ao Eddie, "Acho que não posso agüentar nem mais um minuto". Eddie sugeriu que parássemos nosso desempacotamento frenético e saíssemos para jantar no Keoki, um dos nossos restaurantes favoritos. Durante o jantar, os ventos estavam soprando forte e uma chuva tropical caía pesada. Nada incomum para Kauai. Úmida, estimulante e viva. Pensamos na nossa mudança, na festa maravilhosa que nossos amigos tinham feito para nós antes de irmos embora, na cerimônia de benção nativo-americana que nos foi oferecida por aqueles que viemos a chamar de nossos parentes, nos nossos filhos e outros membros da família e nas esperanças e sonhos de um estilo de vida mais tranqüilo e diferente aqui em Kauai. Era uma noite adorável e, mesmo com os ventos e a chuva aumentando em intensidade, finalmente comecei a relaxar.

Durante a volta para casa, percebemos que os mercados estavam estranhamente cheios e as filas nos postos de gasolina muito longas. Sem entender o que estava acontecendo, nós rimos e pensamos que devia haver algum grande jogo para crianças acontecendo. Os habitantes da ilha eram muito envolvidos com as atividades esportivas de suas crianças. Mas, então, chegamos em nossa cidade e vimos que o supermercado principal ainda estava aberto – *e* estava muito, *muito* cheio. Nós dois tivemos um pressentimento ruim quando lembramos que, no começo da semana, nossos amigos nos falaram sobre um furacão que passava distante da costa, e que a expectativa era de que não atingisse Kauai. Nada para se preocupar naquela ocasião.

A esta altura, ligamos o rádio e não acreditamos no que ouvimos... A ilha de Kauai ia ser atingida pelo furacão Iniki na tarde seguinte (11 de setembro), e nós deveríamos nos preparar para nos dirigir ao abrigo mais próximo. Ficamos paralisados pela notícia atordoante. Retornando para casa, nós, como robôs, começamos a tomar providências para tentar salvar o que possuíamos. Vedamos todas as janelas com fita adesiva, trancamos os armários, guardamos cuidadosamente o que era precioso e quebrável e levamos conosco somente o que podíamos carregar. Telefonamos para um filho na Califórnia, um filho no Arizona e meus pais em Nevada, para dizer a eles que estávamos evacuando a casa e que ligaríamos quando pudéssemos. Fui até a praia e fiz uma oração. Voltei para dentro e peguei o que ainda cabia no carro, especialmente nossas coisas mais sagradas. Tranquei a porta de casa e, às 5:30 da manhã, com as sirenes tocando, entramos no abrigo da Escola Waimea e imediatamente nos oferecemos como voluntários na Cruz Vermelha.

Tudo parecia irreal... acabávamos de chegar em Kauai depois de dois anos e meio terríveis tentando nos mudar... e aqui estávamos, finalmente, no paraíso. Só que o paraíso agora estava sendo ameaçado pelo que veio a ser a tempestade mais destrutiva que atingiu as ilhas havaianas e o terceiro desastre natural de mais alto custo *per capita* dos Estados Unidos, até então.

Nós nos oferecemos como voluntários e ajudamos mais de mil pessoas a entrarem no abrigo onde estávamos. À medida que as pessoas iam se acomodando, começamos a falar sobre nossas famílias, experiências e crenças. No Havaí, isto é chamado de "contar histórias" – e as histórias cobriram o abrigo com sua própria forma de conforto. Eu já tinha passado por desastres na Califórnia, mas nunca tinha estado num lugar de um perigo iminente como este, onde o espírito das pessoas se sobrepôs ao medo. Foi realmente uma dádiva passar por essa experiência. Tudo que essas pessoas tinham estava em grande risco, mesmo assim o foco estava na fé e no espírito, não no pânico e no egoísmo. Apesar da superlotação no abrigo, as pessoas gentilmente se moviam para dar lugar a uma outra pessoa. Eles asseguravam àqueles que não conseguiam encontrar água para não se preocuparem, porque dividiriam o que tinham com eles – nunca se apegando ao medo de que não teria o bastante para "mim".

Depois de horas de trabalho conjunto para fazer um abrigo tão seguro quanto possível, era hora de fechar as portas. Os ventos começaram... Iniki estava aqui com toda sua força. Com um senso muito humano de curiosidade, muitos de nós espreitávamos através das aberturas laterais do abrigo, só para ver as árvores arrancadas como se fossem palitos, as torres de igrejas tombadas, telhados e casas levantando suas fundações diante de nossos olhos. E, então, houve um momento em particular quando os ventos estavam no ponto mais forte – rajadas de 365 quilômetros por hora – e o prédio de concreto e a laje de concreto onde estávamos abrigados parecia balançar. De repente, com um poder ensurdecedor e uma força enorme, as partes de cima das laterais de madeira e aço voaram, espalhando escombros por toda parte. Movendo-se rapidamente, todos começaram a virar as grandes mesas e bancos da cantina como proteção contra os escombros que voavam. Olhando para o peso daquelas mesas hoje, não sei de onde minha força veio naquele momento. Podia ouvir a voz de Eddie através do rugido do vento, me pedindo para ter cuidado e *abaixar.*

Por alguma razão inexplicável eu não me preocupei em ser atingida pelos objetos que voavam – as coisas aconteceram muito rápido.

Eddie e eu nos encolhemos juntos debaixo de uma das mesas enquanto os ventos de Iniki continuavam com sua grande força. Foi durante este momento de prender o fôlego que lágrimas surgiram nos olhos de meu marido, enquanto ele repetia numa forma monótona como um mantra, "Sei que perdemos tudo... Sei que perdemos tudo"... E foi também neste delicado momento de dor e de medo de algo que parecia ser perda certa, que o flash de um sonho que tive antes de nossa mudança veio à minha mente, como um relâmpago inesperado atravessando o céu escuro de medo dos meus pensamentos . Enquanto permanecia agachada sob uma das mesas viradas do refeitório e o barulho trovejante do vento continuava com sua força pesada, decidi compartilhar esse sonho luminoso com Eddie.

Contei a ele que, cerca de dois meses antes de nos mudarmos para Kauai, o medo começou a inundar meu corpo diariamente. Meu diálogo interno foi ficando desenfreado, com pensamentos como: "Estou louca ao desistir de tudo que é seguro e familiar? Estou maluca de ir para longe de quem eu amo, desistir de minha casa de 26 anos, mudar-me para um lugar onde só visitamos, mas nunca vivemos? Onde nenhum de nós terá emprego ou uma fonte segura de renda?" Estas e outras perguntas de medo começaram a surgir mais e mais a cada dia à medida que a hora de mudar se aproximava.

Uma noite, quando estava inquieta deitada na cama, orei por um sonho que me ajudasse nesse momento de medo. Eu me senti como se estivesse balançando a árvore da fé na esperança de que caísse algo que pudesse ajudar... Eu buscava fé na decisão de mudar a forma que estávamos vivendo, de permitir uma possibilidade para novos crescimentos, pessoais e espirituais. Finalmente, depois de um tempo de agitação e viradas sem fim na cama, entrei no Mundo dos Sonhos e fui presenteada com o seguinte sonho:

> *Eu estou andando em direção a um campo, talvez onde uma cerimônia nativo-americana, como uma* Pow-Wow *acabara de acontecer. Vindo em minha direção, há um homem e uma mulher. A mulher está carregando um pássaro grande aninhado em seus braços – só as penas da cauda ficavam à mostra, enquanto a cabeça estava escondida sob o braço dela. O homem está carregando um grande pássaro cinza e branco com um pescoço longo e penas lindas. Reconheci o pássaro da mulher como uma coruja. Comentei como era lindo o pássaro dela e disse que a coruja é um pássaro sagrado no Havaí. Então virei para o homem e disse, "Ah, este é um pássaro usado em rituais de cura – é muito bonito. Sabe, vou a cerimônias desse tipo e realmente gostaria de ter algumas penas para presentear meus parentes. Então, quando o senhor tiver penas extras para dispor, gostaria muito de tê-las."*
>
> *Então, o homem alto e gentil se aproximou e, delicadamente, com movimentos graciosos da mão, como se fosse um balé, virou o pássaro, alcançando a parte de baixo dele e me estendendo*

um punhado de penas. Olhando suavemente nos meus olhos, ele disse, "Sim, este é um pássaro com propriedades de cura. Agora estenda suas mãos". Eu fiz como o homem pediu, estendendo minhas duas mãos. Ele então colocou as penas nas palmas de minhas mãos e disse, "Aqui estão, elas se chamam FÉ, *e você tem tudo que precisa".*

Quando acordei, minhas mãos estavam estendidas e, deitada na cama, me vi movendo gentilmente meus dedos, como se acariciasse as penas colocadas ali. Permaneci na cama por cerca de uma hora, pensando sobre o que aquele sonho significava para mim. Percebi que o homem e a mulher eram mensageiros de Deus, em seu aspecto feminino e masculino. Analisando a mensagem, acredito que ela me dizia que, ainda que houvesse muitas coisas desconhecidas com relação à mudança para eu encarar, também eu estava recebendo o melhor remédio para enfrentar meus medos, que era a fé... fé na forma de penas de pássaros. Eu me lembro de sentir um profundo conforto e alívio enquanto continuava a refletir sobre a mensagem do sonho. Depois de terminar de contar a Eddie sobre meu sonho, percebi que ele tinha estendido suas mãos como se ele, também, tivesse recebido as penas da fé nesse momento de medo intenso.

Passaram-se muitas horas até que tudo estivesse quieto de novo. Juntos, nós comemos, contamos histórias e dormimos no chão, bancos e mesas no abrigo até de manhã, quando foi anunciado que já era seguro ir para casa.

Dirigindo devagar pelas ruas devastadas pelo furacão, seguimos nosso caminho passando pelos fios de energia derrubados, casas destruídas, carros virados e árvores tombadas. Quando viramos a esquina de nossa rua, que dava para o mar, onde contaram que ondas alcançaram 9 metros, meu marido parou o carro por um instante, temendo pelo que veríamos à nossa frente. Compartilhando daquele mesmo momento de medo pelo que poderia ter se perdido... a mensagem de meu sonho fluiu através de meu consciente tão poderosamente quanto o sol irradia seus raios pelas nuvens que se abrem. Então lembrei a Eddie do sonho e sua mensagem de que nós temos tudo o que precisamos para enfrentar nossos medos, colocados na palma de nossas mãos... *a fé*. Uma vez mais a mensagem de fé brilhou através da barreira do medo.

Quando nós nos aproximamos, vimos que nosso telhado tinha sido arrancado, havia muitas árvores tombadas e havia peixes mortos e escombros espalhados por toda parte... Mas nossa casa?... Ela milagrosamente estava em pé! Nossa pequena casa de telhado de flandres, de muro simples, com janelas com aberturas laterais de vidro, só a alguns metros do imponente oceano, tinha sobrevivido à tempestade mais feroz que atingiu as ilhas havaianas. Como e por quê? Não sei responder tais perguntas. Só sei que foi assim.

O que aprendi através dos anos com essa experiência? Enquanto ainda me faço essa pergunta, posso lhe dizer que o que aprendi até agora foi: todos nós sobrevivemos a furacões de uma forma ou de outra. E existem muitos tipos de abrigos onde podemos buscar segurança contra essas tempestades pessoais. Porém, o abrigo mais poderoso de todos está construído dentro da Alma humana. Chama-se *fé*.

A cada dia, à medida que novos desafios se apresentam a mim e sinto o peso do medo começando a se instalar no meu peito, eu me lembro do que o homem alto e gentil do meu sonho me disse, e estendo minhas mãos e sinto as penas da fé colocadas ali... e me lembro que realmente tenho tudo que preciso.

PRIMEIRO PASSO

O VASO DE SONHOS

"O ser humano nunca está só.
Reconheça ou não, aquele que sonha através dele
está sempre ali para apoiá-lo, em seu interior."

- Laurens van der Post[3]

Muitas vezes, diante do trauma, da dor e do medo, o horizonte dos nossos sonhos e do nosso senso de identidade pode ficar encoberto por um véu espesso de escuridão. É nesses momentos de grandes desafios que os símbolos em nossos sonhos devem ser acessados novamente para nos ajudar a curar das lutas que temporariamente nos cegam para as possibilidades, soluções e alegrias simples da vida.

A idéia do Vaso de Sonhos me veio muitos anos atrás quando estava visitando um dos meus lugares favoritos no Arizona – o *Heard Museum*. Este museu nativo-americano está cheio de arte, histórias e experiências que tocam o coração, educam a mente e afagam a alma.

Em uma ocasião, enquanto aproveitava minha visita ao museu, descobri uma exposição de cerâmica da antiga tribo Mimbres, que oferece uma visão única sobre a vida pré-histórica e a cosmologia desse povo. Os vasos de cerâmica eram especialmente pintados com desenhos simbólicos que contavam a história do seu dia-a-dia e de suas cerimônias. O que mais me chamou a atenção foram os buracos que existiam no fundo de cada vaso. Embora se tenha pouco conhecimento sobre o uso dos vasos, sabe-se que eles eram colocados no local do sepultamento quando uma pessoa morria. Uma das hipóteses é que os vasos eram colocados ali para trazer bons espíritos para aqueles que tinham morrido, e os buracos permitiam ao espírito que partia viajar livremente. Uma outra hipótese era que os buracos também permitiam que a negatividade fosse liberada e não ficasse presa quando a pessoa fizesse sua jornada para o mundo espiritual.

A experiência de ver a cerâmica e ouvir essas idéias ficou comigo por muito tempo depois que deixei o museu. Naquela noite, quando me deitei, pensei comigo mesma, "Isso é maravilhoso. Mas como podemos usar essas idéias e vasos como esses sem ter que esperar a morte?" Eu queria ser capaz de utilizá-los comigo mesma, assim como com as crianças, as famílias e os indivíduos com quem eu trabalhava... com todos aqueles cujos sonhos estavam ofuscados pelos traumas da vida.

E então fechei os olhos, respirei profundamente e revi as idéias em minha mente. Aí eu tive um insight. Comecei a pensar sobre a morte como uma forma de dormir... e, quando dormimos, sonhamos. Assim, a idéia de sonhos veio à minha mente. Pensei entusiasmada, "Nós podemos fazer Vasos de Sonhos!"

Como não sou uma ceramista, pensei em usar vasos de barro prontos, já com os buracos no fundo, que podem ser comprados por um preço bem em conta em floriculturas. Eu queria usar barro porque este é um material da terra. No outro dia, comprei vários vasos, assim como contas, penas e tinta para decorá-los. Depois de descarregar as caixas com as coisas no meu consultório, sentei-me num banquinho de madeira na minha mesa de arte, peguei um dos vasos, fechei meus olhos, respirei fundo e deixei que os símbolos dos meus sonhos fluíssem. Quando estava pronta, abri meus olhos e comecei a decorar o vaso com aqueles símbolos. Não me lembro exatamente por quanto tempo fiquei sentada ali, mas me lembro do sentimento de relaxamento e prazer que estava experimentando.

Desde aquele momento, o Vaso de Sonhos se tornou uma ferramenta poderosa de cura em minha vida pessoal e em meu trabalho. Até a presente data, as crianças e as famílias de Kauai já haviam feito mais de 400 vasos de sonhos. Esta atividade foi particularmente significativa para as crianças porque muitas de suas casas tinham sido destruídas pelo furacão e elas estavam dormindo no chão das casas dos outros ou em barracas. Elas tinham medo de dormir e ter muitos pesadelos. Fazendo seus próprios Vasos de Sonhos, as crianças podiam colocá-los nos lugares que dormiam e serem lembradas de seus sonhos bons. Isso deu a elas algo tangível para se concentrar e que trouxe conforto e um sentimento de controle interno.

Agora, eu o convido a criar seu próprio Vaso de Sonhos e a desfrutar a descoberta da reconexão com seus sonhos, aspirações e visões. Lembre-se, "Um sonho é um desejo que vem do seu coração..."

FAZENDO SEU PRÓPRIO VASO DE SONHOS

O exercício deste primeiro passo tem o objetivo de ajudá-lo a reconectar-se com aqueles sonhos que trazem alegria, capacitação, valorização e auto-apreciação. Você pode criar o seu próprio Vaso de Sonhos de dois modos:

(1) seguindo as instruções para fazer uma versão artesanal, usando um vaso de barro, tinta e outros materiais de arte e da natureza, ou (2) desenhando uma imagem de seu Vaso de Sonhos na página própria no final desse capítulo.

A VERSÃO ARTESANAL

1. Use um pequeno vaso de barro com um buraco no fundo, que pode ser comprado em uma floricultura. (Claro, se você trabalhar com cerâmica ou barro, você mesmo pode fazer). Você também vai precisar de tintas acrílicas de várias cores, pincéis e algo mais que possa querer incluir no seu vaso, como pequenas pedras, conchas, flores, areia, terra e assim por diante.

2. Encontre um lugar confortável para trabalhar. Segure o vaso em suas mãos, feche os olhos, e comece respirando lenta e profundamente algumas vezes, inalando pelas suas narinas e exalando pela sua boca e, de algum modo, "apresente-se" para o vaso. Sei que isto pode parecer estranho, mas lembre-se de que você está estabelecendo uma ligação com ele, como se você estivesse encontrando alguém muito especial pela primeira vez. Por exemplo, eu seguro o vaso em minhas mãos e sinto todas as partes dele com meus dedos e palmas. E, digo mentalmente, "Olá, eu sou Joyce e vim aqui para compartilhar meus sonhos com você".

   Acha que isto é uma coisa esquisita? Bem, lembre-se que os pilotos freqüentemente dão nome e conversam com seus aviões... aqueles que trabalham com computadores freqüentemente têm nomes para eles... muitos de nós damos nomes para nossos carros e barcos... sem falar dos jogadores de futebol que conversam com a bola antes de bater uma falta ou pênalti! Isto não é diferente...

3. Agora permita que imagens e símbolos de seus bons sonhos, aspirações e visões venham à sua mente. Quando as imagens

estiverem claras, respire de novo devagar, abra seus olhos e comece a criar seu Vaso de Sonhos com o material de arte que você juntou.

Opção: Toda noite, ao deitar-se, desenhe uma figura do que você quer na sua vida exatamente agora. Coloque o desenho final no vaso perto de sua cama e desfrute dos sonhos trazidos a você enquanto dorme. De manhã, pode tirar a figura do vaso e colocá-la num álbum, criando, assim, um arquivo do Vaso de Sonhos.

A VERSÃO DESENHADA

Utilize estes mesmos passos para o desenho de seu Vaso de Sonhos na página seguinte. A única mudança é imaginar-se segurando o vaso em suas mãos antes de começar a desenhá-lo. Tudo mais permanece igual. Como disse Shakespeare, "Somos feitos da mesma matéria que compõe os sonhos". Deixe os símbolos de seus sonhos emergirem com a respiração e a visão, proporcionando assim mais um outro *passo* para ajudá-lo a andar pelos caminhos da vida.

MEU VASO DE SONHOS

CAPÍTULO DOIS

DEUS FALA ATÉ NO SUPERMERCADO

"Seu espaço sagrado é aquele onde você consegue se encontrar muitas e muitas vezes."

\- Joseph Campbell[4]

O *Yom Kippur* é um dos feriados mais sagrados para o povo judeu... minha tribo. A partir do pôr-do-sol, quando o feriado começa, os judeus do mundo inteiro jejuam por 24 horas... sem comida e sem água. É o momento da oração, do sacrifício e da expiação, de tirar um tempo para olhar para dentro, para refletir como você tratou a si mesmo e aos outros no ano que passou. É o momento de arrumar a casa, por assim dizer, e começar o Ano Novo judeu com uma sensação renovada e purificada de si mesmo e reconectado com a fé.

Eu me lembro de quando era pequena, crescendo no Bronx com minha Bubbie (palavra em iídiche para avó) e minha mãe, Rose, em nosso pequeno apartamento de um quarto, sentindo a excitação ligada à seriedade do feriado. Quando o pôr-do-sol se aproximava, a vizinhança literalmente parava em sinal de respeito. Minha Bubbie já tinha preparado a comida para o fim do jejum. A maioria da comunidade judaica ia à sinagoga e ficava o dia todo orando. Eu fui algumas vezes, mas em outras não pude ir, porque minha Bubbie e minha mãe não davam conta de ir. Lembro-me de perguntar, "Bubbie, não temos que ir à sinagoga para orar?" Esta pequena mulher, de pé, com seus 1,50m de altura, me respondia em iídiche, "*Joyce-ala*, onde você estiver, você ora".

Como uma criança de cinco ou seis anos de idade, eu não sabia o que significavam as palavras dela... "Onde você estiver, você ora". Mal sabia que, uns 45 anos depois, iria finalmente entender as palavras de Bubbie.

Era 14 de setembro de 1994, o ano judeu de 5755, cerca de 4:15 da tarde. Eu tinha acabado de terminar o trabalho com meus clientes no dia e fui ao supermercado próximo à nossa casa para pegar alguma comida de última hora para a noite do feriado e para o fim do jejum no próximo dia.

Seria nosso terceiro ano celebrando esse feriado sagrado em Kauai, sem a presença de parentes e amigos queridos. Nos 28 anos que vivemos em Los Angeles, nossa casa ficava sempre lotada nos feriados com aqueles a quem nós chamamos de "família", não importando qual era sua religião. Eu cozinhava por dias, preparando as comidas tradicionais como o *gefilte fish* (bolinho de peixe), iscas de fígado e, claro, a comida para a alma, caldo de frango com bolinhas de matzá. Quem vinha trazia suas próprias guloseimas para compartilhar com todos que estavam presentes.

Nessa noite, a véspera de *Yom Kippur*, meu marido teve que trabalhar. Eddie estaria comigo no outro dia e à noite, para orar e terminar o jejum juntos, mas eu ia ficar sozinha nessa noite sagrada conhecida como Kol Nidre.

Já tinha começado a avaliar minha vida em Kauai. Fazia dois anos desde que mudamos, dois anos desde que o furacão Iniki atacou. A primeira vez que celebramos *Yom Kippur* em Kauai foi logo depois do furacão e, ao invés das comidas tradicionais para quebrar o jejum, nós utilizamos milho e carne enlatados. Também encontrei uma pequena caixa de passas e um pacote de talharim, além de alguns ovos, e consegui fazer um *kugel* (um pudim parecido com uma torta) numa pequena churrasqueira redonda. Dividi com os voluntários com quem tinha trabalhado no *Waimea Neighborhood Center* e contei a eles sobre o feriado sagrado de *Yom Kippur*. Era realmente um momento de oração, reflexão e agradecimento.

Eu achava que agora, uns dois anos mais tarde, minha vida estaria em ordem, meu caminho limpo. Não tive tanta sorte. As coisas estavam tão incertas e imprevisíveis quanto tinham sido desde nossa decisão de mudar em 1990. Eu ficava imaginando como ganharia a vida. Os programas governamentais para famílias e crianças tinham sido drasticamente cortados. Além disso, eu não podia trabalhar como psicoterapeuta, minha profissão já há duas décadas, porque minha licença profissional não era credenciada no estado do Havaí. E, também por isso, não estava atuando como professora no campo da saúde mental.

Até minha criatividade tinha desaparecido. Enquanto trabalhava neste livro, cada palavra que eu escrevia parecia desintegrar enquanto estava sendo escrita. Meus pensamentos pulavam como os feijões saltitantes que eu costumava segurar na palma da minha mão quando era criança. Estava me sentindo só e desconectada de minhas fontes espirituais – não só de minha comunidade de amigos e parentes judeus, mas das pessoas nativo-americanas que eu também chamava de parentes. Sentia uma profunda falta de compartilhar os rituais e cerimônias que fizeram parte de nossas vidas por tantos anos.

Nem é preciso dizer que este foi um momento de grande incerteza... e como geralmente acontece, a incerteza traz uma sensação de medo.

Então ali estava eu, na véspera de *Yom Kippur*, andando pelos corredores do supermercado na pequena cidade de Waimea, contemplando o sentido de minha vida. De repente, enquanto estava entre o corredor da comida congelada e a dos rolos de alumínio, ouvi a voz gentil e o sotaque sulista de Abraão, um senhor de seus 80 anos, afro-americano, alto e esbelto. Conhecia o Abraão do meu trabalho no *Waimea Neighborhood Center*. Ele passava no meu consultório de tempos em tempos, e nós nos divertíamos simplesmente "contando casos", como dizem no Havaí. Abraão era um artesão que produzia cestas de palha e vime.

"Olá, Joyce", cumprimentou-me Abraão. Seus olhos e sorriso brilhantes iluminaram o corredor. "Tenho procurado por você. Esteve fora?" perguntou. "Não", respondi, "Eu só mudei minha rotina um pouco". Naquele momento, Abraão abriu um saco plástico que segurava, enfiou a mão e disse, "Tenho procurado por você porque tenho um presente". Então, me entregou uma pequena cesta redonda de palha, do tamanho da palma da mão, com uma tampa delicadamente tecida. "Aqui", disse ele. "Eu fiz isso para você". Graciosamente, estendi minha mão para receber este presente tão especial, sorri, e dei a Abraão um grande abraço de agradecimento.

Ali estava eu, no meio do supermercado, entre a comida congelada e os rolos de alumínio, segurando este tesouro feito e dado por *Abraão*. Acabamos nossa conversa e nos despedimos. Cuidadosamente, coloquei a cestinha na parte de cima do meu carrinho e terminei as compras. Neste momento, não percebi o significado profundo deste encontro com Abraão e de seu gesto, além do fato de apreciar muito nossa amizade e de ficar profundamente agradecida pelo seu presente.

Voltei para casa e coloquei a cesta na escrivaninha em meu pequeno e muito desordenado consultório. O presente de Abraão parecia estar falando comigo, mas eu não conseguia compreender bem a mensagem. Então, quando estava no telefone com uma amiga querida, falando sobre este capítulo do medo e da fé, olhei para a cesta e comecei a rir. "Você está rindo de que, Joyce?" ela perguntou. "Ah, minha nossa" deixei escapar, "Deus fala até no supermercado, entre a comida congelada e os rolos de alumínio!" Contei a minha amiga sobre como estava me sentindo no início daquele dia... sozinha, confusa e preocupada... quando encontrei com *Abraão* e recebi este presente.

"Este feriado é sobre *fé*", continuei. "Deus fala para *Abraão* e pede a ele para sacrificar seu primogênito para provar seu compromisso com Deus. Abraão faz como Deus pede e prepara seu precioso filho Isaac para o sacrifício. Mas logo, quando ele está para matá-lo, Deus fala para usar um carneiro para o sacrifício no lugar de seu filho. Era um teste verdadeiro de fé. Então ali estava eu na noite de *Yom Kippur*, sentindo-me confusa, preocupada e sozinha, sentindo como se tivesse sacrificado algo e perguntando para que, quando Deus falou de novo através de um homem chamado Abraão. De certo modo, ouvi Deus dizer, 'Tenha fé Joyce, não me esqueci de você... Toma este presente como lembrete'... Entende! *Abraão... Yom Kippur... sacrifício... um teste de fé... um presente!*" Depois de algum tempo refletindo em silêncio, nós duas rimos pela forma que os ensinamentos espirituais se apresentam nos mais inesperados momentos.

No começo daquele dia, tinha planejado ir mais tarde à cidade para as orações que aconteciam cerca de 60 quilômetros da minha casa. Porém, na calma paz daquela noite especial, percebi que as orações não são algo que você começa abrindo um livro ou se sentando numa sala. As orações são algo que vivenciamos. Eu me lembrei das palavras de minha Bubbie quando me disse, "*Joyce-ala*, onde você estiver, você ora". Percebi então que tinha orado por toda a noite.

Como meus sentimentos mudaram da preocupação, confusão e uma atormentadora desconexão para aqueles de pertencimento, gratidão e reconhecimento? Qual foi a mágica que produziu esta mudança? Refletindo sobre isso, percebi que a mágica estava naquele momento que ficou como que suspenso no tempo, quando Abraão disse, "Aqui, eu fiz este presente para você", e me entregou a cesta. No meu momento de confusão e dúvida sobre minha nova e arriscada direção na vida... receosa se tínhamos ou não tomado a decisão certa de mudar... recebi uma outra vez a mensagem confortante de meu sonho antes de mudar-me para o Havaí, que antes veio na forma daquelas penas de pássaros, as "penas da fé", e desta vez a fé veio contida em cada tira de palha que Abraão teceu neste presente.

Sim, Deus fala até no supermercado, entre a comida congelada e os rolos de alumínio... e, sim, Bubbie, você estava certa, "Onde você estiver, você ora".

SEGUNDO PASSO

CONTEMPLAÇÃO

A oração é uma voz do coração que vem diretamente para a língua,
é uma canção do coração."

- Carl Hammerschlag, M. D.[5]

Você já se perguntou o que a oração significa para você? Significa ir à igreja, ao templo, à mesquita ou a algum lugar especial de adoração? Significa ler uma passagem da Bíblia ou, talvez, apenas sentar-se debaixo de uma árvore na beira do rio, ou dar um passeio pelo parque e simplesmente conversar com Deus, o Poder Maior, a Mãe, Jesus, Adonai, Alá, Buda, Jeová, anjos ou qualquer um ou qualquer coisa que você considere como intercessor do espírito em sua vida? Talvez, em nossos dias atarefados com o trabalho, a família ou a escola, esqueçamos de tirar um tempo para orar... para nos conectar com algo maior que nós mesmos. Em seu livro *As Palavras Curam: o Poder da Prece e a Prática da Medicina*[6], Dr. Larry Dossey escreve que algumas pessoas "não oram em nenhum sentido convencional, mas vivem com um sentimento profundamente interiorizado do sagrado. Isso poderia ser chamado de um espírito de contemplação, uma sensação de simplesmente estar harmonizado ou alinhado com 'algo maior'." Talvez minha Bubbie se encaixasse nesse grupo.

Este passo foi feito para ajudá-lo a atravessar os rios da oração e ajudá-lo a reconhecer um "espírito de contemplação" em sua vida diária.

- Primeiro, encontre um lugar tranqüilo e pergunte a si mesmo,

  "O que significa a oração e a contemplação para mim?"

- Depois, pergunte a si mesmo,

  "Onde eu oro?" "Onde eu sou contemplativo?"

- Agora pergunte a si mesmo,

  "Quando eu oro?" "Quando sou contemplativo?"

- Finalmente, tire um tempo em cada dia para dizer uma oração de gratidão, honrar sua Existência e se lembrar, "Onde você estiver, você ora".

CAPÍTULO TRÊS

DRAGÕES DO MEDO

"O medo é um lembrete para respirar fundo
e mergulhar no momento presente,
onde o amor do Universo é um apoio constante."

\- Joan Borysenko, Ph.D.[7]

Matar dragões é um tema clássico em mitologia, apesar de nem todas as culturas verem os dragões como monstros a se temer. Na cultura chinesa, os dragões são portadores de presentes maravilhosos. Ao contrário, nossas lendas ocidentais nos contam que os dragões nos mantêm cativos nas garras de seu fogo ameaçador, tornando-nos incapazes de respirar ou andar livremente. É sobre esta visão ocidental do dragão que falo neste capítulo. Os dragões são um símbolo de nosso medo enquanto nossa espada representa a fé e a coragem.

Lembro-me de ouvir uma entrevista de Bill Moyers com Joseph Campbell quando eles estavam discutindo exatamente este assunto de heróis e o ato de matar dragões. Moyers fez, em essência, a seguinte pergunta: "Não somos todos heróis de alguma forma?" A resposta de Joseph Campbell me surpreendeu porque ele disse que não éramos todos heróis. Quando uma pessoa comum sabe que há um dragão na caverna, ele ou ela não pega a espada para matá-lo. Um herói é a pessoa que tem a coragem de pegar a espada, entrar na caverna e enfrentar o dragão.

Quando comecei a escrever este livro, uma senhora que conheci há uns dez anos me veio à mente. Seu nome é Grace, uma verdadeira heroína em sua própria jornada de cura... uma mulher que era valente o suficiente para pegar sua espada de fé, entrar em sua caverna e, simbolicamente, matar o ameaçador dragão do medo que tinha atormentado a vida dela por muitos anos. Minha esperança é que a história dela dê a você a força e o poder para enfrentar seus próprios dragões com uma espada de coragem e fé. Com a gentil permissão de Grace, compartilho sua história.

A pequena Grace de seis anos de idade brincava fora da igreja, com a alegria da expectativa de sua Primeira Comunhão. Porém, sua alegria foi rapidamente reprimida quando ela entrou no confessionário. Foi ali que Grace foi abusada pela primeira vez por seu padre confessor. Sua jovem voz de oração tornou-se silenciada numa tumba de medo: o padre a ameaçou dizendo que, se ela contasse a alguém, ele machucaria não só ela, mas também sua família.

O abuso sexual e as ameaças violentas do padre continuaram até a pré-adolescência de Grace. Mesmo se ela tivesse decidido desafiar suas ameaças e falar a favor de si própria, quem acreditaria na palavra da pequena criança Grace contra a de um padre, representante da palavra de Deus? Grace acreditava que a resposta era "ninguém" e ela então manteve seu silêncio guardado dentro de sua alma por muitos anos, até passar boa parte de sua vida adulta... até que um dia um "anjo oculto" a trouxe à terapia. Muitos de nós vamos à terapia pedindo ajuda para uma determinada área de nossas vidas, sem perceber que este *problema* é realmente um anjo oculto num disfarce, conduzindo nossos caminhos em direção à cura mais profunda.

Grace veio me ver, pela primeira vez, para ajudá-la a parar de fumar através de hipnose. Inicialmente, falou sobre seu desejo sincero de parar de fumar. Suas razões eram claras: queria sentir melhor os cheiros, estava cansada de se sentir rejeitada em uma sociedade que começava a privilegiar e proteger os não fumantes e ela queria viver mais tempo. Todas as razões dela faziam perfeito sentido, mas logo depois que começamos a trabalhar juntas, ficou claro que Grace não estava pronta para parar de fumar. Ela percebeu que seu hábito servia a um propósito muito valioso em sua vida, para o qual ela não tinha conseguido encontrar um substituto. O cigarro era seu amigo em seus maiores momentos de solidão. Também ajudava a abster-se de falar. Sua crença era de que falava muito e realmente não tinha nada a dizer. O hábito de fumar de Grace era seu "anjo oculto".

Grace tinha um dom particular com as palavras; falava em metáforas quase o tempo todo. Ela tinha a habilidade de ver tudo na vida em forma de história e de arte. Mas, freqüentemente, este dom poético parecia mais uma maldição, porque a separava do mundo exterior, que esperava formas diretas de comunicação. Grace raramente podia acompanhar uma conversa que seguisse um tema específico. Ela mudava de assunto no meio de suas frases. Isto era frustrante para ela e para aqueles que tentavam se relacionar com ela; freqüentemente se sentia incompreendida e os outros sentiam o mesmo.

Depois de muitos meses de trabalho juntas, Grace percebeu que não queria parar de fumar, mas queria continuar com sua terapia. Sugeri então que ela se juntasse a um grupo de mulheres que eu conduzia nas noites de quarta-feira. Grace demonstrou grande medo de entrar no grupo e não ser aceita. Eu lhe disse que cada senhora desse grupo tinha um histórico diferente e estava lidando com questões diferentes em sua vida. O que as uniu foi sua singularidade. O que era comum a todas era serem mulheres numa sociedade que ainda as desvalorizava muito.

Grace decidiu se arriscar e se juntar ao grupo. Ela diligentemente se esforçou para se expressar claramente, mas seguir a sua linha de raciocínio continuava muito difícil. As outras participantes do grupo davam bastante apoio, mas, às vezes, não conseguiam esconder sua impaciência com as divagações dela. Eu, freqüentemente, agia como uma tradutora. Sabia que Grace, entremeada dentro dos fios confusos de sua fala metafórica, estava tentando se relacionar da melhor maneira que podia e também que estava tentando nos dizer algo importante sobre sua própria vida. Entretanto, até então, eu ainda não sabia o que era esse "algo"... até que um evento em minha vida acabou tendo uma maravilhosa repercussão para Grace e para o grupo como um todo.

Em março de 1987, fui ao Arizona para um retiro espiritual do Projeto Turtle Island, uma organização sem fins lucrativos com o objetivo de promover uma visão participativa de cura, pesquisa, educação e serviço. O retiro era co-dirigido pelo psiquiatra e co-fundador do projeto, Dr. Carl Hammerschlag, por Mona Polacca da tribo Hopi/ Havasupai, por Nelson Fernandez da tribo Mohave e pelo Dr. John Koriath, um neurofisiologista. Nosso fim de semana combinou filosofia de cura mente-corpo com cerimônias sagradas, ensinamentos e praticas nativo-americanos, tais como tenda da transpiração (*sweat lodge*), círculos de conversa, caminhadas meditativas e confecção de máscaras.

Quando voltei, as participantes do grupo estavam ansiosas para ouvir tudo sobre minhas experiências. Naquele momento, ainda estava tão tocada pela experiência que não estava pronta o bastante para compartilhar o que tinha aprendido. A melhor descrição de como me sentia era *numinosa*, significando que as experiências tiveram um efeito profundamente espiritual e místico em mim, inexplicável em palavras. Estas cerimônias não eram constituídas por técnicas para nos fazer falar de nós mesmos, ou projetadas para que nós, de alguma forma, produzíssemos mudanças em nós mesmos, como é o caso das abordagens de psicoterapia. Ao invés disto, elas eram ensinamentos antigos para ajudar a nos colocar em contato com a magia da vida com todos os seus desafios e bênçãos.

Como os ensinamentos eram também muito sagrados para o povo nativo-americano, como o batismo é para o cristianismo, e o *bar* ou *bat mitzvah* é para o judaísmo, eu não tinha certeza o que eu podia ou não compartilhar. Mas, depois de um tempo de cuidadosa ponderação e de conversas com Mona, comecei a compartilhar o que aprendi... especialmente as aprendizagens relativas à reverência às mulheres... algo que, a meu ver, era uma grande lacuna em nossa sociedade não-nativa.

Com o encorajamento e a permissão dos meus professores, passei a começar cada reunião queimando folhinhas de sálvia, como eu tinha aprendido a fazer no retiro. Muitos nativo-americanos usam sálvia para purificação nas cerimônias e rituais. A fumaça perfumada da sálvia ajudou a estabelecer uma sensação do *sagrado* na sala. Ao invés de um grupo de psicoterapia comum, onde participantes simplesmente falam sobre seus sentimentos e experiências, estávamos criando uma atmosfera de ritual e cerimônia, um lugar onde a abertura para as perspectivas espirituais de cura era bem-vinda. Mal sabia eu naquele momento que acender a sálvia produziria uma abertura na escuridão que ainda encobria a vida de Grace.

Grace pediu uma consulta particular e foi nesta sessão que ela, finalmente, escolheu revelar o segredo que estava escondido fundo na segurança de sua alma. Contou que foi o aroma da sálvia que a fez lembrar da igreja onde sua preciosa inocência havia sido violada. As bases de sua fé tinham sido danificadas no próprio santuário que deveria proteger e nutrir sua jovem Alma. Ela manteve seu segredo até quando não pôde mais.

Grace disse que, como tudo do abuso começou num confessionário, ela contaria sua história como se estivesse confessando. Nas palavras dela, "desta vez é uma confissão de cura" ao invés de uma confissão de vergonha. Declarou que, melhor do que levar em consideração as "coisas feias" que o padre tinha feito a ela, "confessaria" o que acreditava que ela tinha feito de mal. Grace continuou a luta para encontrar palavras para descrever como tinha se sentido quando criança.

Para garantir seu silêncio, o padre havia ameaçado sua vida e a segurança de suas irmãs. Como conseqüência, Grace permaneceu em silêncio, enquanto as agressões dele continuaram até sua pré-adolescência. Sua vida se tornou uma atormentada prisão de medo, vergonha e segredo. Quando a entrada para a prisão de Grace finalmente começou a se abrir, ponderei e refleti sobre a profundidade de sua ferida e qual seria a melhor maneira de ajudá-la a encontrar a cura para seu tormento. Decidi convidá-la para um retiro semelhante ao que eu tinha ido anteriormente, só que este era somente para mulheres. Eu estava liderando o fim de semana junto com Mona e senti que seria uma experiência importante para nutrir a alma de Grace. Bravamente, Grace decidiu se juntar à nossa Jornada de Cura das Mulheres em março de 1988, juntamente com outras participantes de nosso grupo.

Lá, ela confrontou seus medos de toda a vida que associavam rituais e cerimônias aos traumas e abusos recebidos. Através de experiências como a tenda da transpiração, o círculo de conversa e uma cerimônia em honra à mulher, Grace começou a desmantelar seu manto de terror e a permitir a si mesma uma olhada rápida para a face da fé.

O resultado maior da experiência vivida por Grace nesse fim de semana, e do apoio da terapia individual e em grupo, foi sua decisão de enfrentar seus medos diretamente. Ela solicitou minha ajuda para localizar o padre. Primeiramente, contatou a arquidiocese e contou sua história, recebendo uma carta carinhosa e de apoio do bispo do seu estado natal, que também forneceu informações sobre a localização do padre. O bispo também informou a ela que a pessoa em questão não era mais padre e estava agora casado, vivendo em outro estado. Grace então escreveu a ele. Dei permissão para usar meu consultório como endereço para a resposta. Ela assim o fez.

Grace decidiu, então, que escrever não era o bastante e queria encará-lo, face a face. Usando o pseudônimo Jane Doe, Grace telefonou ao ex-padre e lhe disse que estava escrevendo um artigo sobre padres de sua cidade natal que tinham deixado o celibato, e queria entrevistá-lo. Ele concordou. Usando todas as suas economias, Grace foi confrontar o homem que tinha destruído sua infância. Grace contou-me que ficou sentada, estacionada do lado de fora da casa dele por um tempo que pareceu horas, mas realmente foram somente alguns minutos, antes que conseguisse reunir coragem para abrir a porta do carro e andar até a casa dele. Seus pés pareciam quentes e uma voz em sua cabeça dizia, "Não preciso fazer isto... Ele pode me matar..." Com a mesma força, outra voz contrapunha, "Preciso vê-lo AGORA". Ela recorda: "Eu tinha de me lembrar de todas as coisas positivas que aprendi na terapia para me ajudar".

Reunindo toda sua coragem, Grace bateu à porta. Depois de tantos anos de vergonha e de dor extenuantes, agora estava cara a cara com seu abusador. Ele parecia enrugado e grisalho, não mais com a aparência assustadora de suas memórias. Ele a convidou para entrar na sala de estar, que parecia o santuário dele. Havia fotos dele com o Papa, assim como com outros respeitáveis líderes religiosos. Havia também fotos dele e sua família. Quando Grace viu tantas fotos das pequenas meninas da família dele, um sentimento de mal-estar surgiu enquanto imaginava o que ele poderia ter feito a elas. Naquele momento, controlou cada emoção de seu corpo para impedir que o atacasse. Ele se gabou que ainda era muito ativo na igreja e, então, talvez, num momento de reconhecimento, perguntou se ela conhecia uma garota chamada *Grace*. Grace parou, olhou-o diretamente nos olhos e disse, "Eu a conheço bem melhor que você". Grace diz que, naquele exato momento, quando ela parou e o encarou, sabia que, dali em diante seria capaz de encarar qualquer coisa em sua vida.

Permanecendo firme, Grace foi "confessando" a ele todas as coisas horríveis que o padre tinha feito à pequena menina, Grace. Ela seguiu falando na terceira pessoa. Usou a palavra *confessar* porque ela sabia que um padre – mesmo um ex-padre – era obrigado à confidencialidade. Grace não queria mais carregar o segredo. Era hora de fazê-lo carregar esse peso.

O ex-padre respondeu dizendo que tinha ensinado à Grace muito sobre Deus e que, como padre, ele tinha feito isto para seu próprio bem. As palavras dele se retorceram no ar. Não mais uma pequena menina sendo ameaçada a manter um segredo, Grace estava bem ciente das tentativas de manipulação dele. Ela retrucou, "*não era* um ensina-mento... *não* era sobre Deus... *é* sobre *ferir*".

Grace disse que não precisava de mais "detalhes". Esse encontro, para ela, foi para enfrentar seus demônios, e ela tinha conseguido. Mais tarde nesta noite, em seu quarto de hotel, sentiu-se como uma criança... livre, cantando, comendo um monte de bobagens, ficando acordada até a hora que bem quis. Talvez essa fosse uma forma espontânea de celebrar sua criança interior, finalmente livre da vergonha e do medo que a tinham aprisionado pelo que parecia ter sido uma eternidade. Na manhã seguinte, tomou o avião de volta a Los Angeles. Grace havia sobrevivido ao seu maior medo... que o padre a abusasse de novo.

A partir desse dia, Grace freqüentou a universidade, tornou-se uma arte terapeuta e está escrevendo seu próprio livro. Será que ainda tem medos? Sim, mas o medo não mais a controla a todo momento. O medo foi substituído pela fé. Quando perguntei a Grace qual era sua definição de fé, ela respondeu, depois de uma pausa demorada, "Fé é fazer as coisas, custe o que custar". Esta é a resposta de uma verdadeira heroína.

TERCEIRO PASSO

DESENHOS PARA DESPERTAR OS RECURSOS INTERNOS

"Eu vejo a arte como um espelho mágico
que torna visível aquilo que nos é invisível
em nós mesmos e na vida de nosso tempo."

- Laurens van der Post[8]

Cada um de nós tem dragões internos que nos impedem de desfrutar a vida completamente. Não seria maravilhoso ter uma espécie de varinha de condão que pudesse afastar rapidamente, como num passe de mágica, todos nossos problemas e sentimentos inquietantes, tanto das dores físicas de uma doença como das dores emocionais como o medo?

Acredito que a resposta seja sim. "Ah... Se eu pudesse entender um pouco mais o problema, eu seria capaz de encontrar a solução... Ah... Eu me sinto perdido, não consigo encontrar uma resposta" são alguns dos sentimentos expressos enquanto buscamos as respostas perfeitas. Normalmente, tentamos conversar sobre isso com um amigo, colega ou terapeuta profissional. Às vezes, só falar sobre o problema já é suficiente. Porém, muitas vezes andamos em círculos como cães perseguindo a própria cauda tentando encontrar alguma solução... analisamos, analisamos, analisamos até nossos cérebros parecerem que vão explodir. Às vezes, é hora de parar a tagarelice e encontrar outras vias que nos levem às soluções esperadas.

Uma das formas que encontrei para abrir caminhos para as soluções é usar o que Dr. Richard Crowley e eu chamamos de "Desenhos para Despertar os Recursos Internos". Em nosso livro *Therapeutic Metaphors for Children and the Child Within*[9] (*Metáforas terapêuticas para crianças e para a criança interior*), damos vários exemplos de casos de como usamos essa abordagem com desenhos em nosso trabalho com crianças, para auxiliar na cura física e emocional, assim como para aumentar a auto-estima. Descobrimos que os *desenhos para despertar os recursos internos* ajudam nossos clientes de duas formas: dão a eles uma ferramenta para ganhar o controle sobre a dor ou sobre suas respostas emocionais a um problema; e também os ajudam a descobrir uma "ponte da cura" que os leva do problema à solução.

A beleza dessa técnica é que ela atua como um apoio no caminho de resolução de cada pessoa, ajudando-a a descobrir suas próprias imagens e símbolos, que representam não só o problema, mas a solução e também o remédio inconsciente. Em outras palavras, o que destaca esta abordagem com desenhos das outras é que ela não pára só na identificação do problema: ela faz nascer a visão de uma solução. E visão é o que precisamos quando estamos presos nas garras dos problemas que nos perturbam.

Por exemplo, houve a ocasião em que visitei Suzie, de oito anos, que estava no hospital para exames diagnósticos para determinar a causa de dores agudas que tinha na região dos rins. Suzie é a filha de uma amiga querida e a considero como uma sobrinha. Enquanto fazíamos a visita, percebi Suzie tremendo. Perguntei o que estava acontecendo, e com uma vozinha doce e trêmula, Suzie disse, "Está doendo demais aqui", mostrando o lado dela. Perguntei se ela tinha lápis de cera, canetinhas e papel. Disse que sim e apontou para a mesinha de cabeceira onde havia um caderno espiral colorido e algumas canetinhas. Entreguei o caderno e as canetinhas a ela, perguntando se brincaria um pouco comigo. Apesar de sua dor, a palavra *brincar* trouxe um sorriso em seu rosto. "Claro", respondeu. Assim, pedi a ela para fechar seus olhos, respirar profundamente e, usando a imaginação, visualizar com o que a dor se parecia. Sugeri que, quando tivesse a imagem pronta em mente, abrisse os olhos e a desenhasse no papel. Sem hesitação, Suzie fez como sugeri.

Quando abriu seus olhos, começou a desenhar sua dor com determinação.

Depois, pedi a Suzie que desenhasse "como seria a dor quando estivesse tudo melhor". Começou a desenhar sua segunda figura. Enquanto se concentrava no desenho, tornou-se evidente que seu rostinho estava mais relaxado do que antes de começar a desenhar.

Finalmente, pedi a Suzie que pegasse um terceiro pedaço de papel e desenhasse "o que ajudaria a transformar a primeira figura na segunda figura". Ela imediatamente começou a desenhar sua terceira figura, que eu chamo de remédio inconsciente ou *ponte metafórica*. Espontaneamente, Suzie virou-se para sua mãe, que estava no quarto, e disse, "A dor já não está tão forte". Ela pegou uma caneta e escreveu na capa "Livro para melhorar minha dor"[10]. Suzie continuou desenhando no seu livro o tempo todo que permaneceu no hospital. Cada grupo de desenhos que ela fazia tinha um tema semelhante na terceira figura, relacionado com música. Isto nos permitiu perceber que o recurso interno de Suzie para melhorar – seu remédio inconsciente, sua *ponte da cura* – era relacionado com música.

Uma outra vez, usei os *desenhos para despertar os recursos internos* com Jennifer, de 22 anos, uma estudante caloura de direito que me foi encaminhada por causa de ataques de pânico. Seu coração batia rapidamente, ficava suada e com dificuldades de respiração. Era constantemente levada às pressas para o pronto-atendimento do hospital para conseguir alívio para seus sintomas físicos. À medida que o tempo foi passando, suas dificuldades iam aumentando. Ela já não podia estudar ou permanecer em uma sala de aula sem sentir vontade de sair correndo para o ar livre. Jennifer era atendida por um médico e tomava medicações ansiolíticas, que não estavam mais tendo efeito. Seus ataques estavam aumentando e seus medos se tornando mais fortes.

Em nossa primeira consulta, dei a Jennifer três folhas de papel e pedi que desenhasse uma figura da ansiedade num dos papéis. Ela imediatamente pegou a caneta preta e começou a desenhar. Dei a ela uma segunda folha sugerindo que desenhasse com o que sua ansiedade se pareceria quando tudo estivesse melhor. Sem hesitação, pegou a caneta vermelha e começou a desenhar. Depois que ela estava satisfeita com a figura "tudo melhor", pedi que desenhasse o que transformaria a figura número 1 na figura número 2. Jennifer pegou a caneta amarela e imediatamente começou a fazer um desenho que parecia uma figura feminina numa posição descontraída, descansada. Sugeri que olhasse a figura número 1 e observasse o que sentia. Torceu o nariz, dizendo: "*Credo!*" Em seguida, pedi a ela que olhasse bem a segunda figura e descrevesse o que observava. Segurou o papel por um momento, deu um suspiro profundo, e sorriu. Por fim, pedi que segurasse a terceira figura, repetindo as instruções. Jennifer continuou sorrindo e disse, "Me agrada olhar para esta".

Eu não disse a Jennifer que cor escolher, nem analisei nenhuma parte de seus desenhos. Meu objetivo era dar a Jennifer uma ferramenta valiosa para ajudá-la a ter controle sobre a sensação de medo que a consumia. Jennifer decidiu carregar um caderno de capa colorida em sua bolsa e, em qualquer lugar que começasse a ter a mais leve sensação de um ataque de pânico se aproximando, ela repetiria esses três passos. Toda vez ela usava as mesmas cores: uma para descrever seu problema, outra para a solução e, uma terceira para o remédio inconsciente... e, todas as vezes, sua ponte metafórica era uma figura feminina numa posição descontraída, relaxada, tipo yoga. Os *desenhos para despertar os recursos internos* tornaram-se uma ferramenta valiosa na terapia de Jennifer, que ajudavam a controlar sua ansiedade aprisionadora. Por fim, sua cura se estendeu para sua forma de lidar com os desafios da faculdade de direito e dos novos relacionamentos. Ela graduou-se com ótimas notas, distinguindo-se e é agora uma advogada atuante.

Visão de Águia

Talvez você esteja dizendo para si mesmo, "Tudo bem, mas o que isso tem a ver com a minha situação? Como e porque desenhar me ajudaria com meus medos e minha sensação de desamparo? Não sou uma criança, não tenho tempo para tais coisas sem sentido. Eu preciso de soluções AGORA!" Bem, ao invés de adentrar nas explicações clínicas sobre *por que* desenhar traz a cura, vamos experimentar a teoria na prática e aprender *como.*

- Primeiro, pegue algumas canetinhas, lápis de cera ou lápis de cor.
- Depois, escolha um medo ou um problema que você quer confrontar. Feche seus olhos e respire profundamente por um tempo para clarear sua mente e relaxar seu corpo, e deixe uma imagem de seu medo/problema vir à mente. Observe sua cor, forma e tamanho.
- Quando você tiver esta imagem, abra seus olhos e desenhe-a na página deste livro, intitulada: *Meu problema.*
- Na página seguinte, *Minha sensação de que tudo está melhor,* desenhe como ***aquela*** figura (o problema/medo) ***parece*** quando tudo está melhor.
- Finalmente, na terceira página, *Minha ponte da cura,* desenhe um símbolo do que transformaria a figura 1 na figura 2, talvez perguntando a você mesmo onde em sua vida teve aquela sensação de que tudo está melhor.

Este é um ponto importante: observe que eu não disse "desenhe como *você está se sentindo*" ou desenhe o que *você acha* que transformaria a figura um na figura dois. Faço assim porque é importante distanciar-se do problema para que se possa ter uma perspectiva mais ampla. Ter uma perspectiva mais ampla é a diferença entre ver com os olhos de um rato e ver com os olhos de uma águia. Para ter domínio sobre nossos problemas, devemos vê-los com os olhos de uma águia, porque a águia tem a habilidade de voar bem alto e ver em todas as direções. E então, quando ela encontra o que precisa, com propósito e força a águia focaliza e garante alimento para ela e seus filhotes. O rato só vê o que está na frente de seu nariz e geralmente perde as muitas possibilidades que estão mais à frente.

Nosso objetivo é aprender *como* ampliar nossa perspectiva, para que possamos expandir nossas escolhas, quando nossa visão está limitada pela cegueira do medo, raiva ou insegurança... quando nossos recursos internos estão sendo bloqueados por nossos ameaçadores dragões do medo e pelos desafios da vida. Os *desenhos para despertar os recursos internos* podem ser uma ferramenta valiosa nesta busca.

Agora, tome um tempo e olhe cada um de seus desenhos, *um de cada vez* e observe que sensações você percebe no seu corpo... qualquer sensação nova, mudanças na respiração, calor ou frio, mudanças nos batimentos cardíacos. Quando olham a primeira figura, muitas pessoas dizem que têm o desejo de rasgá-la e jogar fora. A segunda e a terceira figuras geralmente despertam um sorriso, um suspiro gentil ou uma sensação de relaxamento, descontração, alívio. Contudo, é importante observar que cada um de nós é diferente e apresenta uma resposta própria, única e singular, que merece ser respeitada.

Variações dos desenhos para despertar os recursos internos

Perguntam-me freqüentemente, "Por que desenhar a terceira figura? Não é suficiente a figura onde 'tudo está melhor'?" Em alguns casos é. Para crianças menores de dois anos, a figura 'tudo está melhor' é bastante eficaz. Depois do furacão Iniki, ensinei muitos pais como usar essa abordagem para ajudar suas crianças na pré-escola com os medos que permaneceram depois da tempestade. Não era incomum para essas crianças terem pesadelos e medo generalizado quando iam dormir ou quando os ventos começassem a soprar forte de novo, característico do clima tropical da ilha. Durante um de nossos grupos *Parent Talk-Story*, Peggy, a mãe de gêmeas de três anos, compartilhou conosco suas preocupações com os medos de suas filhas. Sugeri que toda vez que as meninas dissessem que estavam com medo, Peggy sugeriria que elas desenhassem numa folha como o medo se parecia no agora, seguido por como o sentimento de medo iria se parecer no "quando tudo está melhor" numa segunda folha. Peggy dependurou essas figuras do 'tudo está melhor' das filhas perto de suas camas e ensinou às meninas a técnica da Respiração Feliz Mágica[11] (uma versão para criança do exercício Pequenas Férias Mentais mencionado no Décimo Segundo Passo), deixando que elas dessem uma olhada em seus desenhos enquanto respiravam confortavelmente antes de cair no sono.

Peggy voltou na semana seguinte e disse que as filhas haviam pintado as duas figuras e que, mais tarde, as meninas começaram a dormir a noite toda, tornando-se nitidamente menos inseguras. Peggy continuou com os desenhos toda vez que as meninas ficavam com medo, oferecendo também a elas muito carinho e confiança.

Claro, é perfeitamente normal ficar com medo depois de um evento traumático. Entretanto, é importante encontrar ferramentas que possam ajudar-nos a lidar com essas experiências e a nos curar. A técnica dos *desenhos para despertar os recursos internos* é uma ferramenta, é mais um passo, para você levar consigo pelo seu caminho de cura e capacitação.

MEU PROBLEMA

MINHA SENSAÇÃO DE QUE TUDO ESTÁ MELHOR

MINHA PONTE DE CURA

PARTE DOIS

LIÇÕES APRENDIDAS DO MUNDO NATURAL

"A natureza – assim como cada pessoa – é uma coleção de sistemas,
forças, fluxos, vibrações e batidas do coração,
tudo trançado junto em uma tapeçaria de magia pura.
Somente pela vivência é que conseguimos
compreender a verdadeira magia da natureza."

- James A. Swain[1]

"Conheci um velho senhor que, em qualquer milharal que andava, ouvia o milho cantando". Essa delicada citação abre um maravilhoso livro infantil The Other Way to Listen[2] (A outra maneira de ouvir). *Através da história e da ilustração, Byrd Baylor e Peter Parnall nos levam para uma jornada de relação com o mundo natural através de um velho senhor e um menino. Não é nova a filosofia de podermos falar com a natureza e aprender importantes lições. É tão antiga quanto o tempo. Porém, em nossa sociedade, nós nos tornamos tão tecnologicamente dirigidos que freqüentemente esquecemos como ver a magia em nossas vidas diárias. Esquecemos como "ouvir o milho cantar". Se não conseguimos quantificar uma experiência, ela não existe. Nós confiamos nas estatísticas para moldar nossas mentes com modelos de alerta do medo de doenças que nós "provavelmente" teremos.*

Na medicina, há especialistas para todas as partes do corpo, mas poucos sabem como tratar o corpo como um todo ou que conseguem tomar o tempo necessário para isso. Planos de saúde estão dominando o sistema de saúde, incapacitando médicos admiráveis que querem oferecer um "tratamento de cura" a seus pacientes mais do que simplesmente um "tratamento de Band-Aid" como freqüentemente são forçados a fazer. Embora a tecnologia e as descobertas da medicina, em conjunto com os ensinamentos espirituais de médicos como Deepak Chopra[3], Larry Dossey[4], Carl Hammerschlag[5,6], Christiane Northrup[7], Rachel Naomi Remen[8], Bernie Siegel[9,10] e Andrew Weil[11] ajudaram em nossa busca por uma sociedade mais saudável, os índices de abuso, vícios e violência continuam a aumentar. Crianças matando crianças, hoje em dia é lugar comum. Nós nos tornamos uma sociedade que valoriza mais o que dá lucro *do que* o que traz qualidade de vida. *Muitos de nós, com freqüência, nos sentimos "des-membrados" – desconectados da magia da vida. Precisamos ser "re-membrados"* e reconectados à essência do coração e do espírito para curar nossos traumas emocionais e físicos.*

As histórias e passos, nesta parte do livro, mostrarão como ver e abraçar a natureza como uma biblioteca do mundo natural... *onde uma árvore, uma folha, uma pena de um pássaro, uma borboleta ou mesmo aqueles insetos irritantes como moscas, podem ser usados quase do mesmo modo que se usa um livro para estudar lições importantes da vida ou para encontrar conforto e cura durante momentos difíceis... e, como o velho senhor da história nos disse, "É preciso muita prática. Você não pode ter pressa".*

---

*Nota de tradução: a autora faz aqui um jogo de palavras em inglês. Usa a palavra *re-membered* (re-membrados) em oposição a *dis-membered* (des-membrados), mas cujo significado sem o hífen (*remembered*) é relembrados.

CAPÍTULO QUATRO

REDE DE RELACIONAMENTOS

"Todo o mundo natural parece estar cheio de estratagemas para nos alinhar e nos conduzir à luz de Deus."

\- John Muir[12]

Algumas semanas depois do furacão Iniki passar por nossa ilha, alguns amigos especiais da vizinhança vieram para nos ajudar a limpar nosso quintal. Havia muitas árvores caídas, grandes pedras vulcânicas, pedaços do nosso telhado assim como dos telhados dos outros, pranchas de surfe e escombros espalhados por toda parte. Os mosquitos e as moscas zumbiam e zuniam sobre peixes mortos que vieram do oceano a algumas dezenas de metros de distância para nossa propriedade, juntamente com montes de areia que formaram dunas. Era especialmente doloroso olhar as belas árvores e plantas tombadas, arrancadas, deitadas sem esperança na terra. Os ventos poderosos transformaram uma paisagem serena em um cenário de desolação.

Depois de horas de trabalho árduo carregando e arrastando escombros, fazendo cinco viagens ao depósito de lixo com dois grandes caminhões de lixo e uma pá-carregadeira, nós todos descansamos. Um dos homens, Ray, veio até onde eu estava.

"Está vendo aquela árvore ali", disse Ray apontando uma árvore muito grande tombada de lado em nosso jardim da frente. Suas raízes estavam completamente arrancadas do chão e todas as suas folhas que antes eram verdes agora estavam de um tom marrom seco. A árvore toda parecia estar morrendo ou já estar morta. Ray continuou de forma bem direta. "Aquela é uma árvore especial em Kauai. Ela se chama árvore 'Milo' e é uma espécie em extinção. Nós vamos levantá-la para você com a pá-carregadeira e replantá-la".

Com um certo tom de descrença em minha voz, perguntei, "Tem certeza de que quer replantá-la? Vocês já têm muita coisa para fazer – e, além disso, a árvore parece estar morta".

Ray sorriu e disse, "Ah, não, ela ficará bem. Nós a levantaremos de novo e replantaremos as raízes no chão. Crescerá de novo. Sabe, quando uma árvore como essa é derrubada e colocada em pé de novo, ela se torna ainda mais forte que antes, porque suas raízes têm que alcançar mais fundo, mais profundamente na terra, para conseguir seus nutrientes. Não se preocupe, Joyce, ela crescerá de novo, exatamente como estou lhe dizendo".

Cuidadosamente, uma das pás-carregadeiras levantou a árvore caída até que ficasse na vertical outra vez. Quando olhei aquilo, senti uma mudança tangível dentro de meu corpo. Era como se eu também estivesse sendo "reerguida" depois de ter sido derrubada pelos desafios da mudança e de minha readaptação ao novo estilo de vida. Percebi que talvez as raízes de minha experiência tivessem que alcançar mais profundamente no solo de meu novo ambiente para conseguir os nutrientes espirituais de que eu precisava. Então, como a árvore, eu poderia crescer mais forte do que antes. Um sorriso veio à minha face quando percebi que Ray tinha me dado um presente de cura pessoal através da sabedoria da natureza.

Cerca de dois meses depois, percebi folhas verdes brilhantes brotando orgulhosamente de seus galhos, antes quebrados e secos. Ray estava certo... a árvore Milo *estava mesmo* com uma aparência mais forte e seus galhos, como braços, se estendiam como se abraçassem sua nova vida.

QUARTO PASSO

CRIANDO UM FUNDO DE BÊNÇÃOS

"Em cada semente está a promessa de milhares de florestas".

\- Deepak Chopra[13,14]

Muitas vezes na vida temos experiências que nos levam a sentir derrubados e desenraizados exatamente como a árvore Milo. Entretanto, de alguma forma, com a ajuda de outros, somos capazes de ter nossas vidas "reerguidas" e "re-enraizadas" mais uma vez. Normalmente, percebemos grandes gentilezas quando estão acontecendo, mas muito freqüentemente a importância delas desaparece na ocupação do dia-a-dia e nas demandas da vida. E, nessa ocupação, também podemos esquecer de observar pequenas bênçãos. Duas dessas bênçãos me vêm à mente neste momento.

Em 1997, minha doce mãe, Rose, morreu inesperadamente. Sentada à beira de sua cama apenas uma hora depois dela morrer, minha tristeza era tão grande que eu mal podia respirar. Olhando através das minhas lágrimas, percebi que a enfermeira que estava me contando sobre seus últimos momentos de vida estava dando tapinhas, delicadamente, nos seus pés brancos e pequenos como se ela ainda estivesse viva. Senti como se o espírito de minha mãe estivesse sendo acariciado por um anjo. Tenho certeza que estava.

Uma segunda benção ocorreu poucos dias depois, quando eu estava voltando para o Havaí. Um jovem comissário da United Airlines percebeu lágrimas em meus olhos e perguntou, suavemente, se podia me ajudar. Eu lhe contei sobre a morte de minha mãe e nós dois tivemos uma adorável conversa sobre nossas mães e o quanto elas significaram para nós. Pouco antes de aterrissarmos, ele se aproximou de mim e me deu um origami de lírio amarelo, que tinha feito com um pedaço de papel que encontrou a bordo. Disse que não era muito, mas que talvez, quando eu olhasse para a flor, ela poderia me trazer conforto. Até hoje, o lírio está sobre a prateleira, perto de uma foto de minha mãe comigo. Quando olho para ele, eu me lembro de guardar as pequenas gentilezas que tocam minha vida diariamente e de apreciar o *lucro espiritual* que se acumula quando elas seguem sendo valorizadas.

Embora nos seja ensinado a economizar para o futuro, a começar um fundo de aposentadoria, para que tenhamos segurança financeira quando ficarmos mais velhos, acho que também é importante começar um "Fundo de Bênçãos", um lugar onde possamos depositar as bênçãos do dia-a-dia, para que possamos ter segurança espiritual à medida que passamos pela vida. Muitos de meus clientes que passaram por quimioterapia têm feito "caixas de bênçãos". Eles guardam cartões, notas, figuras e lembranças enviados a eles por pessoas queridas de suas vidas. Claro, você não tem que esperar até ficar doente para começar um Fundo de Bênçãos. Você pode começar a qualquer momento.

Tire alguns minutos e pense sobre uma bênção que aconteceu com você hoje. Uma bênção pode ser um telefonema de um amigo próximo, um sorriso de seu filho ou o café que alguém no escritório trouxe para você. Pode ser uma saudação calorosa que recebeu da pessoa atrás do caixa do supermercado do bairro ou simplesmente a habilidade de abrir seus olhos e respirar a bênção de viver mais um dia. Escreva isso numa ficha de arquivo e guarde numa caixa especial ou escreva num livro em branco que você dará o nome de "Meu Livro de Bênçãos". Como um cofre onde guarda seus objetos valiosos ou um livro-caixa no qual seus depósitos são controlados, você pode retirar uma bênção qualquer hora que se sentir espiritualmente necessitado.

CAPÍTULO CINCO

MESTRES ALADOS

"...É só com o coração que alguém consegue ver corretamente;
o que é essencial é invisível aos olhos."

- Antoine de Saint-Exupery[15]

Na nossa busca por uma reconexão com a magia do coração em nossas vidas, freqüentemente passamos sem perceber pelo lugar onde devemos começar essa busca: ou seja, pela rede de relacionamentos dentro de nós mesmos... pelas conexões e interligações em nosso próprio corpo. Nada tornou este fato mais claro para mim do que um ensinamento que recebi enquanto assistia a um workshop de cura e visualização dirigida. O cardiologista e autor, Dr. Dean Ornish[16], perguntou ao nosso grupo o que pareceu, num primeiro momento, uma pergunta estranha: "Para qual órgão o coração bombeia sangue *primeiro*?" Cada um de nós respondeu, citando vários órgãos e partes do corpo, incluindo o cérebro. Dr. Ornish nos disse que esta pergunta também deixa perplexa a maioria dos estudantes de medicina. A resposta é: *o próprio coração*. O coração deve bombear sangue para ele mesmo antes de conseguir bombear sangue para qualquer outro órgão. Achei esse ensinamento maravilhoso, não somente em relação à fisiologia. Não são os desejos cognitivos da cabeça que levam às realizações do coração. Devemos primeiro cuidar das necessidades do coração – nossas *canções do coração* – para nos sentirmos completos, realizados.

Quantos de nós nos lembramos de escutar nossas *canções do coração*, de seguir suas melodias, mesmo diante da adversidade? Freqüentemente achamos que os canais para os nossos sonhos estão obstruídos, e isso nos impede de nos ligarmos mais profundamente com nossa "estação da felicidade", usando o termo do mitólogo Joseph Campbell. Quando nos desconectamos da magia da vida, de algum modo experimentamos uma espécie de ataque do coração espiritual. As veias e as artérias que carregam nossos nutrientes da alma ficam bloqueadas pelos "deveríamos" e pelos "temos que" da vida diária... o que chamo de "colesterol da alma".

Então, como permanecermos conectados às nossas *canções do coração* diante das distrações, obstáculos e oposições? Com relação a esta pergunta, uma história me vem à mente de um ensinamento que recebi inesperadamente enquanto assistia a um jovem homem da tribo Diné (Navajo) amarrar um tambor sagrado de água.

Wendall ia usar este tambor para nossa reunião à noite na casa da família dele. A singularidade deste tambor específico é que ele é amarrado e desamarrado cada vez que é usado. Sua base é uma pequena caldeira preta, preenchida com água até mais ou menos um terço do seu tamanho. Uma peça redonda de couro é molhada e esticada na parte de cima do tambor, que é então amarrado colocando uma pedra redonda pequena sobre o couro – como um puxador – e amarrando-a firmemente com uma corda. A corda é enrolada em volta de cada pedra até sete serem usadas. Uma vez enroladas, o som do tambor é marcante. Sua batida é rápida para acompanhar canções especiais de oração*.

Há muitas histórias relacionadas com este tambor particular, mas minha favorita me foi contada por um líder espiritual navajo que eu, respeitosamente, chamo de Tio. A história é de um grupo de irmãos que, um dia, saíram para caçar. Eles ficaram fora por muito tempo e a irmã ficou preocupada. Quando saiu para procurá-los, ela os encontrou todos mortos. Eles estavam sentados eretos no campo, cada um segurando seu escudo, esperando para dizer adeus a sua irmã antes de irem para o mundo espiritual.

*Embora o costume de cada tribo possa variar, este tambor é normalmente considerado um instrumento masculino e não é usado por mulheres. Há exceções ocasionalmente.

Ela imediatamente voltou à vila, buscou o caldeirão que usava para cozinhar para eles e o encheu com água. Trouxe o caldeirão cheio de água para o campo de batalha, pegou o couro dos escudos de seus irmãos e colocou sobre o caldeirão. Pegando a corda que amarrava o couro ao aro do escudo, amarrou o couro no caldeirão. Completada sua tarefa, ela deu o caldeirão para seus irmãos, dizendo, "Agora vocês podem ir para o mundo espiritual e sempre estarem próximos à batida do coração de sua irmã".

Agora, enquanto via Wendall amarrar o tambor, percebia várias moscas pousando em seus braços. Logo mais moscas pousaram em suas mãos, face, pernas e mesmo no couro de pele de cervo úmido. Ajoelhado sobre a terra áspera, prendendo o macio couro de cervo, firmemente estendido sobre o caldeirão do tambor entre seus joelhos e coxas, Wendall tentou espantá-las, encolhendo seus ombros, sem perder a tensão com a qual ele segurava o tambor... mas sem resultado. As moscas zumbidoras não saíram.

Pensei comigo mesma, "Por que não se levanta e muda de lugar? Ah, as moscas estão irritando e perturbando tanto! Elas podem estragar até mesmo a melhor das ocasiões". Mas Wendall permaneceu trabalhando com o tambor. A atenção dele continuou fixa no que estava fazendo, até que o tambor estivesse totalmente amarrado. Ele então pegou suas baquetas e tocou no tambor algumas canções de oração, a fim de afiná-lo.

Depois que terminou de cantar, fui até ele e perguntei, “Por que você simplesmente não mudou para outro ponto e tentou se livrar das moscas? Elas pareciam estar perturbando tanto, mas você as ignorou e continuou. Eu provavelmente teria me mudado”.

Wendall sorriu e disse, “Bem, Irmã, é o seguinte. Este tambor é a batida do coração... e aquelas pequenas moscas, bem, elas são nossos parentes também. Elas estão aqui para nos ensinar algo. Sabe, na vida há sempre distrações... coisas que nos irritam, exatamente quando nós estamos fazendo algo que é realmente importante para nós. Há sempre moscas. Mas meu tio me ensinou que, quando se começa a amarrar um tambor como este, você vai até o fim... nada vai se pôr no caminho... e o que quer que aconteça está ali para ajudá-lo a se concentrar ainda mais. Fique conectada com sua batida do coração e você ficará bem”.

Desde este dia, sempre que as moscas ficam em volta de mim, não consigo deixar de sorrir e reconhecer intimamente estas pequenas criaturas da natureza tanto como “parentes” quanto como “mestres” e, silenciosamente, eu digo: “Obrigada”.

QUINTO PASSO

MEDITAÇÃO COM AS CANÇÕES DO CORAÇÃO

"É nos intervalos entre estarmos acompanhados que conversamos com nós mesmos."

\- Maya Angelou[17]

Quando li a citação acima no parágrafo final do livro inspirador de Maya Angelou, *Even the Stars Look Lonesome* (*Até as estrelas parecem solitárias*), só consegui pensar no ensinamento de Wendall sobre o tambor e a importância de estarmos ligados às nossas canções do coração.

Sei que, em nosso mundo ocupado e freqüentemente barulhento, a necessidade de silêncio e quietude é tão essencial quanto o ar que precisamos para respirar. Este passo é destinado a ajudá-lo a encontrar essa solidão e honrar o silêncio. Honrando o silêncio, talvez como Angelou diz, "... na quietude nós podemos até ouvir a voz de Deus".

- Comece se sentando numa posição confortável. Feche seus olhos e respire algumas vezes, devagar e profundamente, gentilmente inalando pelas suas narinas e exalando pela sua boca.
- Depois pergunte a si mesmo "O que mais preciso (ou preciso saber) em minha vida, neste momento?"
- Quando tiver sua resposta, coloque a mão sobre seu coração e permaneça imóvel, continuando a respirar confortavelmente.
- Lembrando-se de que seu coração é seu tambor pessoal, fique atento à sua batida... ao seu ritmo. Permaneça nessa posição tanto quanto seu tempo permitir. Por exemplo, se está no trabalho, talvez você só tenha 10 minutos de intervalo ou hora de almoço. Em casa, pode ter mais tempo à noite. Respeite qualquer que seja o tempo que tenha naquele momento.
- Depois, fique atento à mensagem que seu "tambor do coração" está lhe dando. Esta mensagem é sua *canção do coração.* Talvez você queira tomar um tempo para escrevê-la num bloco de notas ou num diário. Uma senhora com quem trabalhei contou-me que escreveu a mensagem de sua *canção do coração* numa ficha de arquivo que carrega com ela como um cartão de afirmação*.
- Lembre-se que há sempre "moscas" que podem tentar distrair sua atenção. Observe o que são estas perturbações em sua vida que desviam sua atenção de algo que é importante para você... sua *canção do coração.* Uma vez que você perceba quais são essas perturbações, escreva-as em algum lugar e se familiarize com elas. Como as moscas, quando estas perturbações cruzarem seu caminho, elas podem se tornar seus "mestres alados", fazendo-o lembrar-se uma vez mais de se religar à sua *canção do coração.*
- Encerre esta meditação, voltando para a posição inicial. Feche seus olhos, coloque sua mão sobre seu coração, respire algumas vezes, devagar e profundamente e, em sua quietude pessoal, sorria e diga: "Obrigado".

*Nota de Tradução: um *cartão de afirmação* é um cartão com uma mensagem especial, que a pessoa pode levar consigo e que pode ler muitas vezes ao dia, para se lembrar daquela mensagem.

CAPÍTULO SEIS

A MAGIA DA BORBOLETA

"Do casulo emergiu uma borboleta
Como uma dama de seu portão
Surgiu – numa tarde de verão –
Renovando tudo a sua volta..."

- Emily Dickinson[18]

A borboleta é um outro 'parente da natureza' que considero como mestre alado. Universalmente vista como um símbolo de transformação e cura, as borboletas arrebatam, encantam e abraçam os corações daqueles que buscam a compreensão da mudança e do crescimento pessoal. Uma história me vem à mente aqui como me foi contada por Terry Tafoya, há muitos anos atrás... e que a compartilho com vocês da forma como me lembro dela...

...Dizem que, há muito, muito tempo atrás, havia duas Pessoas-Lagartas que estavam muito apaixonadas. Um dia, uma coisa triste aconteceu e o Homem-Lagarta morreu. O coração da Mulher-Lagarta ficou dilacerado. Não queria ver ninguém ou falar com ninguém e, assim, ela se envolveu em seu sofrimento como num xale. Então ela começou a andar e andar pelo mundo afora... e enquanto andava, chorava...

A Mulher-Lagarta caminhou por um ano inteiro e, por ser a terra redonda, ela voltou ao mesmo lugar no qual ela tinha começado a caminhar. O Criador teve grande compaixão dela, dizendo: "Você já sofreu muito. Agora é hora de entrar num mundo novo, um mundo de cores... um mundo novo de grande beleza". Então o Criador bateu duas palmas... e a Mulher rompeu do xale como uma bela borboleta. E diz-se que esta é a razão da borboleta ser um símbolo da renovação para muitas comunidades... ela nos diz que, no final de todo sofrimento, há o presente do alívio.

Espiritualmente, esta antiga história nos dá um importante ensinamento sobre cura e renovação. Cientificamente, há também uma outra história que pode nos ajudar a ver como cada estágio da transformação da borboleta se assemelha ao nosso.

Há alguns anos atrás, em 1987, num belo dia de primavera, uma amiga muito querida minha, Diana Linden, uma bióloga neurofisiologista do *Occidental College*, e eu estávamos discutindo o uso de metáforas para explicar a ciência. Diana gostava de usar histórias para ensinar biologia em suas aulas e eu gosto de ouvi-la falar sobre sua pesquisa surpreendente sobre distrofia muscular. Durante esta visita, Diana me perguntou como eu via a cura. Ponderando minha resposta por um momento, a imagem de uma borboleta me veio à mente. "Quando penso em cura, penso na borboleta. Sabe, nós somos como uma lagarta rastejando por aí, até que em um dado momento, entramos em nosso casulo e nos transformamos numa borboleta".

Rindo um pouco, Diana disse, "Ah, Joyce, não é exatamente isso o que acontece. Você deixou de fora uma grande parte do processo de transformação"... E, me contou a história.

> *Como a maioria de nós sabe, há quatro estágios na transformação da borboleta... o Ovo, a Lagarta, a Crisálida e a Borboleta Desenvolvida. O que a maioria não sabe é o que torna a metamorfose possível...ou seja, o que transforma a lagarta em uma borboleta. Esta é a parte que vocês vão* realmente *gostar. As lagartas têm células especiais em seus corpos chamados "discos imaginais", que contêm todas as sementes da mudança.*

Discos Imaginais... repeti comigo mesma. Diana estava certa, amei esse conceito! Para dizer bem a verdade, embora eu não soubesse de fato o que eles eram, queria sair correndo e comprar alguns discos imaginais. Eu sabia que certamente poderia usar algo mágico para ajudar a liberar minhas sementes pessoais de mudança, quando me sentisse presa em um lugar ou outro em minha vida. "Onde eu posso conseguir alguns?" brinquei com humor. Diana riu comigo e então continuou.

> *Sabe, a lagarta se prepara para esta grande mudança comendo e comendo. Quando ela está grande o suficiente, sacode seu corpo e solta sua pele, que agora amadureceu... sacode e solta, sacode e solta. Então, justamente na hora certa, encontra uma folha ou um galho e se prende a ele tecendo um fino fio de seda e uma pequena plataforma, tornando-se o que é conhecido como* crisálida. *A crisálida é uma pele dura que se desenvolve e protege a lagarta enquanto esta passa por suas mudanças. Dentro da crisálida, a lagarta modifica completamente sua estrutura, ficando com a consistência de uma sopa.*

Diana explicou que era somente naquele ponto da modificação que os discos imaginais liberavam as sementes da mudança ali contidas, permitindo à lagarta se transformar em uma linda borboleta... à medida que a magia da metamorfose se completa.

Depois de ouvir a descrição de Diana deste processo surpreendente de mudança biológica, me senti especialmente animada, porque estava me preparando para dar um novo workshop numa conferência de psicoterapia, sobre o uso de metáfora em *cura transformacional**. Até esse momento,

---

*Nota de tradução: *transformational healing*

não tinha sido capaz de pensar nenhuma nova idéia para esse workshop. Eu me sentia bloqueada e frustrada. Mas agora, com o sabor novo do conceito de discos imaginais como a base da metamorfose para a borboleta, eu podia começar a visualizar um modelo de cura que tivesse origem na natureza e que fosse realmente relevante para as pessoas.

Com grande entusiasmo, saí correndo para uma loja local chamada *The Nature Company* (A Companhia da Natureza), e comprei muitos livros sobre a metamorfose da borboleta na esperança de encontrar um modo de traduzir esta informação científica em ensinamentos tangíveis. Encontrei o que estava procurando num livro intitulado *Butterfly & Moth*[19] (Borboleta e Mariposa) por Paul Whalley, que ilustrava e descrevia, de uma forma muito bonita, cada estágio, e combinava com o conhecimento que Diana compartilhou comigo. Quando esse modelo de cura transformacional e de mudança começou a desabrochar, percebi que, com freqüência, na vida, nós todos passamos por momentos de grande dor, incerteza, escuridão, com um sentimento de "Eu não agüento mais". Então, de alguma forma, depois do que pode ser chamado de um "momento de milagre", nós encontramos a força interna... nossos próprios discos imaginais... para seguir em frente e, eventualmente, experimentar um avanço* ou evolução em nosso crescimento pessoal e espiritual.

*A nota foi movida para o pé da página seguinte por causa do espaço insuficente nesta página.

E é então com grande admiração e respeito por esse gracioso 'parente da natureza'... esse mestre alado da mudança... que eu compartilho as histórias e os passos seguintes, já que eles têm relação com cada estágio da borboleta – e com nossa habilidade humana de abraçar e de alcançar a magia da mudança.

*Nota de tradução: a autora usa a palavra *breakthrough*, que em inglês tem um significado mais amplo do que avanço. Pode também ser salto ou evolução. Ainda para a borboleta, *breakthrough* pode ter o significado de rompimento do casulo para que a borboleta possa transpor o estágio de crisálida para borboleta.

SEXTO PASSO

O AVANÇO: QUATRO PASSAGENS PARA O MILAGRE DA MUDANÇA

"É o que você está destinado a se tornar.
Ela voa com asas lindas e liga a terra ao céu.
Ela bebe somente o néctar das flores e
carrega as sementes de amor de uma flor para a outra."

- Trina Paulus[20]

Viaje comigo enquanto damos uma olhada mais de perto em como cada um dos quatro estágios da borboleta se assemelha às passagens que experimentamos em nossa busca de crescimento pessoal, mudança e cura. Depois de ler cada passagem, escreva ou desenhe seus pensamentos relacionados à passagem lida.

A Primeira Passagem:

Novos Começos

No mundo da borboleta, aprendi que depois do período de uma sofisticada dança de sedução com o propósito único ou "essencial" de atrair o sexo oposto e acasalar, a fêmea seleciona a planta certa para deixar os seus ovos. Ela faz isso para que seus ovos tenham uma casa segura onde possam chocar. Paralelamente a esse primeiro estágio, encontramos a importância de produzir um ambiente seguro no qual todas as novas idéias, relacionamentos e consciência pessoal tenham a oportunidade de se desenvolver. Sem este ambiente seguro, nada positivo se desenvolve. Precisamos de apoio e encorajamento para seguir adiante.

Lembro-me de uma ocasião quando estava na 4ª série e recebi a tarefa de fazer um mapa do mundo. Por gostar de arte, fiz a minha tarefa com grande entusiasmo. Porém, eu não tinha tinta azul para representar a água. Só tinha tinta vermelha e não tinha dinheiro para sair e comprar tinta azul. Trabalhei por horas detalhando o mapa da melhor forma que eu sabia e, com orgulho, levei-o para minha sala de aula. Cada um de nós deveria mostrar seu trabalho e, quando fiquei diante da sala segurando o cartaz grande, do tamanho de um pôster, com o mapa que eu tinha pintado, o professor comentou: "O que é tudo isso em vermelho? Todo mundo sabe que a água é azul". Naquele momento, a sala toda riu e eu comecei a tremer de vergonha. Eu nunca mais levantei minha mão como voluntária para fazer qualquer coisa naquela aula de novo. A aula do meu professor não era uma "folha" segura para meus "ovos" de criatividade infantil.

Hoje, quando me lembro daquela experiência, posso ver sua influência positiva em minha vida. Sei que, quando eu dou um workshop ou atendo um novo cliente, a coisa mais importante para eu me concentrar é criar um ambiente de apoio para que cada pessoa possa se sentir segura explorando e descobrindo novas idéias e escolhas.

Reflexões Pessoais: Novos Começos

Pense naquele momento quando você teve uma nova idéia com a qual ficou muito entusiasmado e a compartilhou com alguém.

Como a pessoa respondeu?

O que ele ou ela estava fazendo enquanto você falava?

Ele estava olhando ao redor ou ela estava dando uma olhada no relógio no momento?

Você recebeu a mensagem para seguir em frente ou para esquecer aquilo?

Pare por um momento e considere o seguinte. Quando alguém novo vem trabalhar na sua empresa, como você o recebe? Com um bilhete, flores, um convite para o almoço... ou somente mostra à pessoa sua sala e diz: "Se você precisar de algo, chame"? O seu ambiente – seja casa, sala de aula ou escritório – é um ambiente que nutre a sua fonte interior de paixões criativas? Para encorajar mudanças positivas, cura e capacitação, é essencial que tenhamos uma "folha" de apoio na qual nos sentimos seguros para deixar os ovos de nossas idéias. Este estágio protege e incuba aquilo que é novo.

A Segunda Passagem:

A Lagarta: É Necessário Rastejar Antes de Voar

Você já disse a si mesmo alguma das seguintes afirmações? "Não estou feliz neste relacionamento... Estou crescendo mais que meu companheiro, trabalho ou estilo de vida". "Eu sei que preciso fazer algumas mudanças em minha vida". "Preciso me desprender de minha pele velha e me tornar uma pessoa nova". "Não estou feliz vivendo neste corpo". Bem, se você já considerou algum destes pensamentos, é um bom indicador que você entrou no segundo estágio do *Avanço.*

Como a lagarta, sabemos que é hora de uma mudança em nossas vidas. Podemos expressar sentimentos de estarmos entediados com a vida, de querer seguir em frente de alguma forma. Às vezes, as pessoas podem ganhar bastante peso durante este estágio, dizendo que querem comer tudo que vêem pela frente. Eu certamente fiz isto antes de minha mudança para Kauai, o que continuou até recentemente, deixando-me com uns 20 kg a mais. Lembro-me de uma amiga querida, em Los Angeles, me dizendo que nos ensinamentos do Yoga eles dizem que, logo antes de uma grande mudança na vida, a pessoa engorda bastante.

Então, quando a mudança se completa, o excesso de peso parece desaparecer. Eu recebi essa notícia com uma alegre expectativa.

Muitas vezes parece haver um sentimento de descontentamento geral com a vida, como acontece nesta segunda passagem, mas descontentamento não é necessariamente negativo. Ele pode ser usado como um indicador positivo, apontando a necessidade de mudança em nossas vidas ou nos mostrando que mudanças estão a caminho, quer nós tenhamos pedido ou não. Isto é particularmente verdade para os adolescentes. Geralmente, eles não gostam de seus corpos, cabelo ou de si mesmos. É como se os adolescentes estivessem em uma busca psíquica por uma outra forma; porém, eles parecem não saber que forma é essa.

Como me lembro vividamente daqueles sentimentos! Eu me lembro de olhar meus pequenos seios, imaginando se eles cresceriam... será que eu vestiria um sutiã maior que o tamanho P? Eu costumava ler todos os livros para adolescentes da época e comprava cremes das prateleiras que prometiam desenvolvimento milagroso dos seios. Andava com meus ombros encurvados na esperança de ninguém perceber que eu só tinha um inchaço em meu peito, ou enchia o sutiã de minha amiga (que era dois números maior que o meu) de algodão para que parecesse mais volumoso do dia para a noite. Deitava na cama à noite e rezava para que Deus fizesse um milagre e eu acordasse com seios pela manhã.

Como os adolescentes podem saber conscientemente que eles têm a habilidade de se tornarem "borboletas", quando eles estão ainda no estágio de lagartas? Agora que estou entrando na menopausa, sinto a agitação interior da mudança mais uma vez. Não sei realmente aonde essas mudanças em meus ciclos femininos vão me levar... como meus sonhos mudarão... que forma meu corpo tomará... em quais novas direções meu trabalho me guiará. Só sei que minhas "coceiras" internas, como gosto de chamá-las, são indicadores de que eu estou em meu estágio de lagarta.

Preparando para a Mudança

Mas como fazemos para saber quando é hora de mudar? "Você olha a vela e sente o vento e simplesmente sabe dentro de você quando é hora de mudar". Estas são as palavras que foram compartilhadas comigo por um jovem cuja habilidade inata de velejar as águas perigosas de Kauai comparava-se à graça e à visão das águias que voam alto no céu. Em 1° de janeiro de 1988, Leonard e eu partimos para velejar à tarde no seu catamarã de dois lugares. Em certo momento dei uma olhada e percebi que seus profundos olhos castanhos estavam concentrados em algum ponto acima, em direção ao mastro, enquanto ele manuseava, com destreza, as velas com seus longos dedos bronzeados de sol e manipulava o leme com os dedos do seu pé descalço. O catamarã tombava pesadamente para frente enquanto os ventos fortes nos carregavam com velocidade e elegância através do oceano azul celeste.

Em outro momento, as ondas foram crescendo em altura e intensidade. Leonard acenou para mim para que mudasse de posição e me movesse para o outro lado do catamarã. Depois de cambalear cuidadosamente meu corpo pelo pequeno catamarã e estabilizar meu equilíbrio, fiz a pergunta que mencionei no começo desta sessão, "Como faz para saber quando é hora de mudar?" Eu pensei que estava me referindo à situação no catamarã, mas, quando refleti sobre isso mais tarde, percebi que minha pergunta ia mais além do que uma aventura no oceano. Era sobre a vida em geral.

Talvez esta seja uma boa hora para parar de ler e perguntar-se, "Como faço para saber *quando* é hora de mudar? Quais serão meus sinais pessoais?" Use a página seguinte para refletir sobre estas perguntas.

Como faço para saber *quando* é hora de mudar?

Quais são meus sinais pessoais?

Discos imaginais... Sementes de Mudança

Neste ponto, você deve estar se perguntando: "Então qual é a mágica que vai me transformar de uma lagarta para uma borboleta?" A resposta é: discos imaginais. Sim, como a borboleta, cada um de nós também tem discos imaginais que contêm todas as "sementes de mudança". Estes discos imaginais são nossos recursos internos, interesses, habilidades e aprendizagens passadas – simplesmente adormecidos e, de algum modo, só esperando serem despertados... serem libertos. Assim como uma pequena lagarta carrega essas células dentro de seu corpo felpudo, nós também carregamos essas células dentro de nós mesmos no estágio de lagarta, não sabendo, conscientemente, que as temos ou o que elas podem fazer por nós quando a "hora" delas chegar.

Gosto de pensar sobre os discos imaginais como nossos "recursos alados" de mudança, possibilitando-nos renovar um sentimento de esperança, reconhecendo que as possibilidades não vistas estão realmente presentes para ajudar-nos a ir adiante, não importando qual desafio ou obstáculo esteja colocado em nossos caminhos.

Quando escrevo isto, penso sobre uma entrevista com Christopher Reeve, o ator que fez o primeiro Super-homem nos cinemas. Ele estava ali, sentado, preso em sua cadeira de rodas, completamente paralisado como resultado de uma queda catastrófica de seu cavalo, dependendo de um respirador para viver. Mesmo quando ele e sua esposa reconheciam o que perderam por causa do acidente, o foco de sua fala girava em torno do que eles tinham juntos... amor, crença, determinação, fé, esperança... seus próprios discos imaginais para ajudar a transcender das limitações físicas para uma realidade de realizações espirituais.

Quando olhamos para a pequena lagarta, será que vemos essas células mágicas? Não, não conscientemente. Mas elas *estão* lá. Estas células de mudança contêm e protegem todo o mistério que transforma a lagarta em borboleta.

Duas histórias vêm à minha mente aqui, ilustrando como os discos imaginais de dois rapazes adolescentes foram usados para ajudar a cada um deles a superar limitações pessoais. Talvez depois de ler essas histórias, você consiga reservar um tempo para refletir sobre seus próprios *hobbies*, interesses e talentos... seus próprios "recursos alados de mudança".

Esquiando pela Álgebra

Há alguns anos atrás, quando meu filho mais novo, Casey, estava no colégio, no ensino médio, ele não estava se saindo bem na boa e velha álgebra. Um bom amigo nosso, Tom, era um gênio da matemática e generosamente se ofereceu como tutor de Casey em suas dificuldades. Por mais que meu filho tentasse, ficava muito ansioso antes dos exames e, então, não conseguia se sair bem. Tom estava certo de que Casey sabia a matéria, mas, assim como acontece com muitos de nós, suas dúvidas sobre si mesmo se colocavam no caminho e bloqueavam seu potencial de crescimento, realização e confiança.

Sabendo que Casey tinha capacidade para passar, mas estava preso em seus sistemas de crenças limitantes, acreditando que era incapaz de passar, decidi tentar fazer despertar seus Discos Imaginais. Casey é um esquiador maravilhoso. Adora todos os aspectos do esporte e confia na sua habilidade de esquiar. Sabendo disto muito bem, entrei na toca onde Casey pensava intensivamente sobre seu próximo teste e disse, "Casey, você realmente gosta de esquiar, não gosta?" Dando-me seu olhar de "Mãe, o que você quer", ele respondeu, "Claro... você sabe que eu adoro". Continuei, "Casey, do que você gosta nesse esporte?" Bem, eu podia saber a resposta para essa pergunta, mas essa não era a questão. *Meu* saber não tinha nada a ver com o saber *dele*. Ele seguiu me dizendo detalhadamente do que gostava, ainda olhando para mim ceticamente.

Continuei. "Diga-me, o que acontece quando você decide ir para uma descida mais avançada ou para uma que você nunca esquiou antes?" Casey me respondeu quase imediatamente sem uma pausa. "Desafiado", era sua resposta. Eu repeti a palavra lentamente, "Desafiado". Continuei, "Como você se sente quando está pronto para sair do teleférico e você não sabe realmente o que está à frente?" Também estava usando minha mão para demonstrar a inclinação da subida do teleférico. De novo, a resposta de

Casey foi rápida e direta. "Desafiado, com muita vontade de sair do teleférico e esquiar a montanha". Um pouco irritado, continuou, "Mãe, onde você quer chegar com essa coisa de esqui?" Ao invés de responder neste momento, persisti um pouco mais. "Casey, e o que acontece com os *moguls* (aquelas pequenas elevações na neve das montanhas através das quais, como um desafio, o esquiador deve habilidosamente manobrar seus esquis, à medida que desce a montanha) ou as árvores, pedras ou outras coisas que surgem quando você esquia. Não lhe perturbam?"

Uma vez mais, com humor, mas também com um tom um pouco irritado, Casey respondeu, "Não, mãe, eles só fazem o desafio ficar mais divertido". Finalmente, parei meu questionário e simplesmente olhei diretamente para os olhos dele e, com uma voz suave e clara, disse: "Casey, então ESQUIE PELA ÁLGEBRA... ESQUIE PELA ÁLGEBRA". Meu filho sorriu e ficou em silêncio. Sorri de volta: "Te vejo mais tarde" e sai do quarto. Uma semana depois, Casey me ligou no trabalho e com grande entusiasmo em sua voz disse, "Adivinha! Eu tirei 97 no meu teste. Mãe, eu ESQUIEI PELA ÁLGEBRA...".

Desde então, Casey já terminou a universidade e trabalha hoje com crianças que têm sérios desafios emocionais em suas vidas, ajudando-as a superá-los. Ele me conta que, até hoje, sempre que se depara com uma decisão difícil ou um obstáculo em sua vida, diz para si mesmo para "esquiar" o desafio... e quando se lembra da experiência comigo, dá boas risadas.

Chaves

Numa visita a um centro de reclusão para o tratamento de jovens no estado de Oregon, tive a oportunidade de trabalhar em uma das casas, que abrigava 24 crianças e adolescentes que eram descritas como tendo os mais sérios problemas de comportamento na escola. Decidi trabalhar com estas crianças e jovens, de oito a dezessete anos, em um grande círculo. Os membros da equipe se questionavam se isto funcionaria e como, já que muitas das crianças e adolescentes eram identificadas como sendo violentas, tendo alucinações, dissociadas da realidade e incapazes de ficar sentadas por um longo período de tempo. Eu também me perguntava a mesma coisa, já que nunca tinha trabalhado com um grupo desses antes.

Notei que havia um grande tambor redondo portátil dependurado na parede quando entrei na casa e perguntei se poderia usá-lo. "Claro" foi a resposta entusiasmada do diretor. Minha idéia era primeiro contar aos meninos a história do tambor e como ele se conecta com a batida do coração deles. Como a maioria dessas crianças está muito desconectada de suas próprias *canções do coração*, senti que isto seria um bom modo de reapresentá-las aos seus próprios ritmos. Minha segunda intenção era passar o tambor pelo círculo e fazer com que cada um tocasse uma vez com a baqueta, colocando assim a "voz" deles no tambor.

Fomos ao ginásio de esportes e pedi aos meninos e à equipe para se sentarem no chão de madeira, formando um grande círculo. Comecei a espalhar muitas das coisas que havia comprado, como capim cheiroso, sálvia, uma concha, penas de pássaros, o xale da minha avó, sal do Havaí e meus dois adoráveis bonecos, o T.G. (Tartaruga Grande) e o T.P. (Tartaruga Pequena)... meus remédios. Comecei explicando que, em muitas culturas, remédios não são encontrados somente em frascos ou pílulas. Ao invés disso, o remédio pode ser encontrado em tudo que é parte da vida ao nosso redor, como em histórias, nas pedras, nas plantas e muitas coisas da natureza, assim como naqueles objetos especiais que nos são dados por pessoas especiais.

Um jovem, sentado ao meu lado, contou, com muito orgulho, que também tinha um tambor, algumas penas de ave e uma bolsa de remédios que seu avô, um respeitado membro da tribo Lakota, tinha lhe dado alguns anos atrás. Inclinei e sussurrei, "Bem, o que você está esperando, vá e pegue suas coisas especiais". Ele, nitidamente, alegrou-se e foi em seu quarto, acompanhado de um membro da equipe, e voltou alguns minutos depois com seus próprios tesouros sagrados... seu remédio.

Continuei espalhando as coisas especiais que tinha trazido para dividir com o grupo. De alguma forma, o véu da doença mental e emocional que parecia nos separar começou vagarosamente a cair... e eu estava simplesmente sentada num círculo de jovens. Quando comecei a falar sobre como cada um de nós tem coisas especiais que nos fazem sentir bem, o garoto sentado à minha esquerda começou a falar rapidamente e me disse que queria compartilhar com o grupo algo que era muito importante para ele também. Era seu "remédio". Dei licença para ele também e ele foi ao seu quarto pegar seu presente especial. Quando voltou, trazia muitos papéis onde estavam desenhadas várias "chaves". Todo tipo de chaves. Chaves de carro, chaves de porta, chaves de caixa e figuras de chave que ele tinha desenhado em mais de um papel ao mesmo tempo. Como uma metralhadora, começou a me contar tudo sobre suas chaves.

Enquanto ele falava, tornava-se evidente que as outras crianças no grupo iam ficando cada vez mais irritadas com seu discurso exaltado. Uma garota, zangada, confirmou a irritação do grupo: "Nós já ouvimos isso antes; é a única coisa que ele sabe falar". Eu simplesmente agradeci a afirmação dela com um aceno de cabeça e virei para o garoto: "Sabe, as chaves são muito importantes. Sem chaves, eu não ligo meu carro, não abro a porta de minha casa, e nem seria capaz de trancá-la para manter tudo seguro lá dentro. Sim, chaves são muito importantes."

Este garoto de cabelo castanho escuro e olhos sorridentes azuis parou sua falação e se moveu para mais perto de mim. As outras crianças no grupo acenaram a cabeça levemente, concordando. Sim, chaves são muito importantes. Para este garoto, elas eram seu remédio... as chaves para sua vida interior.

Desde essa época, voltei muitas vezes a Oregon e faço visitas especiais a Joey. Fiquei sabendo como a sensível equipe da instituição continuou a ajudar Joey diariamente, usando sua "obsessão" com chaves para destrancar os caminhos obscuros de seu mundo particular. Joey consegue agora desenhar uma figura de si mesmo, uma árvore com maçãs e até me contar histórias. Uma história é sobre um pequeno pássaro que encontrou a chave de sua gaiola, e assim ele pode abrir a porta quando quiser e voar. Na minha última viagem, fiquei sabendo que Joey não falava mais sobre chaves, mas está interessado em câmeras. Ele agora está muito ocupado, tirando fotos da vida.

"RECURSOS ALADOS PARA A MUDANÇA"

Use a página seguinte para escrever as coisas que você gosta de fazer em sua vida, sejam elas *hobbies*, interesses ou coisas que simplesmente são prazerosas de fazer, tais como ver um pôr-do-sol, a primeira neve da estação, pássaros cantando ou suas flores favoritas.

Identificando nossos próprios *discos imaginais*, ficamos mais bem equipados para confrontar nossas maiores lutas e medos com uma certa confiança. É esta confiança que nos permite superar a dúvida do nosso potencial, o medo e a dor para que possamos alcançar uma vida espiritual rica, cheia de alegria, crescimento e sentimentos de poder.

Meus discos imaginais

A Terceira Passagem:

A Crisálida: Espaços Escuros de Mudança

Esta terceira passagem desperta nossa maior curiosidade sobre o mistério de mudar. Com a crisálida completamente formada, a lagarta agora está pronta para "modificar sua estrutura" e fazer com que suas células especiais, os discos imaginais, liberem as sementes de mudança. Enquanto a crisálida parece inativa, quieta quando vista pelo lado de fora, as mais surpreendentes e dramáticas mudanças acontecem do lado de dentro. *É durante este estágio que a magia da transformação acontece.* Como a borboleta, é neste estágio que nossa maior mudança acontece também.

Nosso estágio crisálida é com freqüência marcado por um período critico, o de "não saber". É um período de afastamento, de não querer se socializar, com freqüência querendo se esconder e não lidar com o mundo exterior, com uma certa situação ou dificuldade. Freqüentemente, ouço meus clientes dizerem, "Eu só quero colocar minha cabeça embaixo da coberta e não encarar ninguém... quero acordar e saber que este problema já acabou... não consigo ver uma saída para esta situação... minha vida parece sem esperança". A vida com freqüência parece escura e isolada, com pouco espaço para movimentos exteriores. Embora muitas pessoas vejam estes sentimentos como sintomas de depressão ou ansiedade, prefiro *ver* estes mesmos sintomas como indicadores de se estar neste terceiro estágio – o da crisálida... o lugar onde a maior mudança pode acontecer.

Como a lagarta, que deve se transformar em uma substância gelatinosa, pastosa, antes de liberar suas sementes de mudança, assim também nós precisamos aprender a transformar velhos sistemas de crenças limitantes sobre nós mesmos a fim de transformar nossa personalidade tipo lagarta em seres humanos capazes de alcançar nosso potencial alado completo.

Com qual freqüência nos atemos, arraigados, às nossas personalidades de velhas lagartas só para descobrir que se continuarmos a fazer assim, nunca descobriremos nossa personalidade de borboleta que pode voar livre? Pense em todos os grupos de sobreviventes de traumas, que continuam a surgir a cada dia. Sonho com grupos de *crescimento*, como uma alternativa a esse tipo de grupo. Embora sobreviver seja um estágio importante na busca à cura do trauma, não é o *único* estágio. Crescimento é o próximo estágio. É o estágio de *alçar vôo da borboleta*. Em *Mulheres que Correm com Lobos*, Clarissa Pinkola Estes escreve: "Se nós só ficarmos como sobreviventes sem nos mover em direção ao crescimento, nos limitamos e cortamos nossas próprias fontes de energia e nosso poder no mundo para menos da metade.". Em outras palavras, nós ficamos no estágio de lagartas, e não nos tornamos borboletas. Lembrem-se: *Cicatrizes são marcas de onde nós estivemos, não para onde iremos.*

O Tapete Navajo

Uma tarde, recebi um telefonema preocupado da mãe de uma adolescente que costumava vir à terapia. Parecia que sua filha Becky havia tido uma memória despertada, desencadeada por uma emoção forte, revelando uma ocasião em que fora sexualmente molestada por um antigo vizinho, que era um jovem adulto naquela época.

Becky veio com seus pais para conversar comigo sobre esta lembrança. Sua mãe revelou que ela também tinha sido abusada quando criança e que esta situação era extremamente difícil para ela, embora tivesse feito sua própria terapia e estava muito bem. O pai de Becky estava agradecido por ser incluído nesta terapia, já que ele também tinha muitos sentimentos de tristeza e ódio pelo que aconteceu com sua menina.

Mergulhada num canto de meu sofá, Becky estava com a cabeça curvada para baixo, enquanto expressava os seus sentimentos. Observando a menina, minha impressão era de uma pequena lagarta, rastejando dentro de sua própria crisálida, para que conseguisse sentir uma proteção ao seu redor enquanto falava. Entre suaves soluços, Becky falou que não sabia se conseguiria se sentir inteira de novo... se poderia se sentir limpa de novo... que talvez era por isso que ela sempre se sentia daquela maneira sobre si mesma, nunca boa o bastante, nunca se sentindo bonita o suficiente.

Enquanto Becky falava, uma imagem de um carneiro me veio à mente, seguida por uma imagem de uma linda velha índia navajo sentada num grande tear tecendo um tapete. Como nós já havíamos trabalhado juntas antes, Becky sabia que eu usava imagens e histórias como base de minha terapia. Depois de descrever essas imagens, comecei a dizer a ela sobre o que havia aprendido sobre a tecelagem dos navajos. "Uma tecelã toma conta de sua própria ovelha. Ela tosa a lã... limpa a lã... depois faz os fios, tinge os fios, preparando-os para se tornarem novelos. Senta-se então diante de seu grande tear e começa a tecer, a partir das imagens que tem... é como se fosse uma cerimônia para ela, um ritual. A tecelã canta o tempo todo em que está tecendo. Enquanto canta, sentada ali envolvida em seu ritual, um lindo padrão de desenho começa a emergir. Esse desenho sempre conta uma história." E prossegui na minha historia, enfatizando que, na tradição navajo, a tecelã sempre tece um erro em cada tapete, para fazer-nos lembrar de que todas as coisas belas da vida não são perfeitas.

"Pode levar uma semana, um mês ou três meses... depende de quanto tempo a tecelã quer ficar sentada diante do tear e trabalhar... E todos sabem que um tapete navajo é um dos tapetes mais fortes que se produz. Ele dura séculos e é conhecido e admirado por sua beleza". Então eu disse: "Sabe, Becky, é importante sempre lembrar que... *A OVELHA NÃO É O TAPETE E A LÃ NÃO É O TAPETE... SÃO SÓ PARTE DO TAPETE... SÓ A*

TECELÃ PODE PEGAR A LÃ E A TECER, TRANSFORMANDO-A EM UM BELO E FORTE TAPETE". E então permaneci em silêncio.

Becky parou de chorar e um sorriso surgiu em sua face. Sua mãe e seu pai se aproximaram um do outro e se deram as mãos. Olhei atentamente para cada um deles e repeti, "A ovelha não é o tapete..." E a sessão acabou.

Cerca de quatro semanas mais tarde, Becky veio saltitante ao meu consultório carregando um cartão e um presente para mim. Ela se sentou perto enquanto eu abria o presente. Era uma réplica de uma mulher num tradicional vestido navajo, sentada num tear com um tapete navajo tecido até a metade. Abri o cartão que continha o desenho de um guerreiro nativo-americano na parte da frente. Dentro, Becky tinha escrito uma mensagem que até hoje está na minha escrivaninha: "Eu não sou a Ovelha... EU SOU O TAPETE".

Até o momento de sua crise, Becky estava em seu estágio de lagarta sobrevivente, passando pela vida... fazendo o melhor que ela sabia. Mas agora ela estava claramente pronta para seguir em frente... começar a progredir... a transformar-se de lagarta em borboleta...

Reflexões Pessoais:
A Vida, Embrulhada para Presente

Um procedimento que não é muito respeitado em nossa sociedade é o de se ficar quieto em seu próprio espaço, afastado dos estímulos do mundo exterior, aceitando por um tempo o "não saber" – o não ter respostas definidas ou soluções rápidas para nossos problemas. O esperado é que tenhamos as respostas ou que sejamos capazes de surgir com soluções imediatas. Contudo, a natureza nos ensina que este é um tempo crítico no ciclo de mudanças da vida. É importante lembrar que todas as criaturas da natureza têm um tempo de isolamento, dormência ou hibernação. Os ciclos da vida têm um padrão que permite um tempo para se encasular. Pense sobre os ciclos das estações. Há o outono, quando as folhas mudam de verdes para cores vibrantes, para depois se tornarem frágeis e secas, e então cair das árvores. Seguido por uma friagem, uma nudez... o inverno. E, no frio, há uma ausência de vibração e de cor... tudo está adormecido. A estação do inverno é mais como este estágio de crisálida – todas as mudanças estão acontecendo num nível interno.

Do mesmo modo, por debaixo da crisálida da terra, dentro do ventre de suas cavernas, a vida está preparando para se regenerar. Essa regeneração se mostra durante a próxima estação, primavera. É um reacordar da vida, da natureza. É um tempo de emergir. A primavera é brincalhona, apaixonada e arrebatadora. E então, vagarosamente, ela muda mais uma vez para verão. Há freqüentemente um calor intenso, uma mudança dramática em relação às estações que vieram antes... um tempo quando o crescimento jovem da primavera se transforma na paixão madura do verão. Os quatro ciclos da borboleta são muito parecidos com as quatro estações da natureza. Deve haver a estação da Crisálida antes da estação do Surgimento da Borboleta.

Talvez você se sinta frustrado com o ritmo de seu crescimento pessoal ou impaciente com sua habilidade de expandir novas idéias. Use o espaço dado na página seguinte para refletir sobre o que a passagem da crisálida significa para você; e quem sabe, poderá ter a certeza de que este espaço escuro de mudança é verdadeiramente a Vida, embrulhada para presente. Abra o embrulho... E, acredito que lá dentro, você descobrirá um novo *presente* a sua espera...

O Que o Casulo Significa para Mim

A Quarta Passagem:

A Borboleta Emergindo: Nascem as Asas

Há muito tempo atrás, ouvi uma história sobre um homem que encontrou um enorme casulo e decidiu levá-lo para casa para ver a borboleta surgir do casulo. Se bem me lembro, o homem olhou e olhou, até que um dia percebeu uma abertura pequena no casulo. Achou que a borboleta estava lutando para fazer seu caminho para fora do casulo e que alguma coisa devia estar errada. Decidiu ajudar a borboleta fazendo uma fenda maior para ela sair com mais facilidade. Quando a borboleta finalmente saiu, suas asas estavam de alguma forma enrugadas e atrofiadas e seu corpo deformado. O homem achou que as asas se estenderiam em algumas horas, mas elas não se estenderam. Ao contrário, a borboleta foi incapaz de voar... ficou incapacitada para o resto de sua vida. Embora o homem estivesse bem intencionado, ele não sabia que havia um *objetivo* para a luta; era o modo da natureza de impulsionar o fluido do corpo para as asas da borboleta para que ela pudesse emergir do casulo e... finalmente voar com força e beleza.

Esta história nos mostra que, ainda que a borboleta esteja completamente formada, ela tem que usar todas as suas forças pulsantes para sair de sua crisálida protetora em direção à luz. Então, ela se dependura de cabeça para baixo, remexendo gentilmente suas asas ainda úmidas. Veja bem, ainda que a borboleta esteja completamente desenvolvida e tenha nascido para o mundo, ainda não está pronta o bastante para voar. Se a borboleta com as asas ainda úmidas é retirada de seu casulo precipitadamente, ficará aleijada, incapacitada de voar para o resto de sua vida. A borboleta sabe *quando* é hora de voar... ninguém tem que dizer isso a ela ou persuadi-la.

Em nossas próprias vidas, o começo desta quarta passagem é, com freqüência, marcado por assumirmos mais e mais riscos... como se estivéssemos, por assim dizer, mexendo, exercitando nossas próprias recém-adquiridas asas...

Internamente, sentimos nossos primeiros indícios de esperança depois de um período escuro de mudança inconsciente. Esta passagem é um tempo de despertar... um tempo de *insights* e novas percepções, um tempo de avanço e de evolução, de rompermos nosso casulo e emergirmos para o mundo. É fundamental, para nosso bem-estar, que não sejamos pressionados durante este estágio, mas sim apoiados para poder seguir em frente, no nosso próprio ritmo. Assim como a borboleta aguarda a hora certa para voar, nosso momento chegará e nós nos sentiremos prontos para nos afirmar no mundo.

Começamos a nos sentir mais seguros com nossas próprias aprendizagens e habilidades. Podemos dar aquele salto de fé para mudarmos de emprego, matricular naquele curso que pensávamos faz tempo, iniciar uma nova amizade ou relação, ou fazer uma viagem há muito desejada. Qualquer que seja a ação exterior escolhida, estamos prontos para voar com nossas novas asas de perspectiva e de coragem.

Reconhecendo minhas asas

Como saberemos quando estamos preparados para esta quarta passagem? Reveja as seguintes sentenças e veja se elas lhe soam familiares. "Eu me sinto como se estivesse, finalmente, começando a ver a luz no fim do túnel." "Eu me sinto como se pudesse voar." "Posso, finalmente, ouvir a música em minha vida novamente". "Minhas idéias estão, finalmente, decolando." Se você tem vivido alguns destes sentimentos ou sensações, sabe que está, com certeza, na quarta passagem de mudança.

Quer estejamos criativamente envolvidos num projeto, explorando novos relacionamentos de amor ou amizade, ou enfrentando os desafios da vida, podemos perceber as quatro passagens mencionadas, nos levando em direção ao milagre da mudança em tudo que fazemos... se simplesmente reservarmos um certo tempo para observar. Às vezes, olhamos, mas não vemos. Escutamos, mas não ouvimos. Tocamos, mas não sentimos. Para mim, a borboleta fala a linguagem da cura e da determinação. Ela bate suas asas e chama nossa atenção para sua magia silenciosa... sua capacidade de rastejar, afastar-se, decompor-se, dissolver-se, reformar-se, renovar-se, romper, avançar e voar. Nós podemos voar.

CAPÍTULO SETE

FOLHAS FALANTES

"Natureza é somente um outro nome para saúde,
e as estações são meramente os estados diferentes de saúde."

- Henry David Thoreau[21]

Com os ombros caídos e uma expressão triste e abatida, Lynn, uma mulher de 52 anos de idade, sentia que sua vida tinha acabado desde que entrou na menopausa. Ela havia começado a terapia de reposição hormonal cerca de 6 meses antes, mas ainda se sentia morta por dentro. Seu médico queria prescrever antidepressivos, mas Lynn não queria tomar. Nenhuma explicação intelectual sobre as mudanças hormonais que estavam ocorrendo mudava a forma como ela se sentia sobre si mesma. Lynn dizia que se sentia “morta e inútil”.

Em um dia de outono, durante um passeio pelo seu parque favorito, percebeu as mudanças que estavam acontecendo ao seu redor. Quando olhou para as cores vibrantes das folhas, Lynn se lembrou de algo que tinha aprendido anos antes em suas aulas de biologia: na natureza nada se cria, nada se perde, tudo se transforma.

Decidiu continuar seu passeio e buscar cinco folhas de diferentes árvores ou arbustos e, então, se sentar com elas e deixá-las ensinar-lhe algo que precisava saber. Lynn surpreendeu-se rindo alto e comentou: “Ah, que beleza – folhas falantes!”

Como geralmente acontece, as respostas não vêm imediatamente. Às vezes, descobertas pessoais aparecem de formas mais engenhosas do que somos capazes de prever. O caso de Lynn não foi diferente. Encontrou as cinco folhas de árvores ao longo do caminho, mas, quando se sentou com elas, nada aconteceu. Ela as virou, espalhou-as pelo chão, colocou-as numa pedra próxima, mas nada ainda... As folhas permaneciam em silêncio...

Voltando para casa, pensou consigo mesma, “Pois é, isso é burrice mesmo... falar com as folhas... hummm, é melhor não contar para ninguém, ou eles vão pensar MESMO que estou ficando louca”.

Mais tarde naquele mesmo dia, Lynn estava em seu jardim e viu-se olhando para uma árvore que tinha planejado derrubar. A árvore já não dava frutas novas há algum tempo e ela tinha sido aconselhada que, "como a árvore parecia não ter mais qualquer vida nela", seria melhor cortá-la e substituir por uma árvore mais nova, que pudesse dar frutos. Lembrando do seu primeiro momento no parque e da sua experiência de conversar com as folhas, Lynn se sentiu compelida a pegar cinco folhas desta árvore e repetir seu exercício de metáfora viva e deixar que as folhas ensinassem a ela algo que precisava saber. Olhando bem de perto cada folha, Lynn viu uma coisa que não esperava. Percebeu que as folhas ainda tinham muita vida nelas. Nunca as tinha olhado tão de perto antes, e apenas aceitou a palavra do jardineiro sobre como a árvore tinha se tornado inútil.

Foi nesse momento que Lynn sintetizou toda a experiência em uma aprendizagem pessoal. Foi um daqueles momentos em que se "cai a ficha". Feliz com a descoberta, ela gracejou... "Pois é... *eu sou* como as folhas... eu sou como a árvore. Ainda estou cheia de vida em mim, mesmo que esteja mudando. Nada irá me derrubar... isso é certo".

A partir daquele momento, sempre que Lynn duvidava de seu valor durante sua estação de mudança como mulher, tudo que ela precisava fazer era conversar com as folhas e as árvores, porque como avós bem sábios, elas sabiam muito sobre *renovar* e *re-folhar*!

SÉTIMO PASSO

ESCUTANDO A NATUREZA

"À medida que a água reaparecia,
ressurgiam também salgueiros, juncos, prados,
jardins e flores, e um certo sentido para a vida."

- Jean Giono[22]

Talvez, como Lynn, você também esteja experimentando um período de mudança de estações dentro de sua própria vida. Talvez, você esteja questionando seu propósito ou seu valor... sentindo-se perdido, sem uma direção clara. Dê um passeio na natureza e pegue uma pedra, uma folha, uma flor ou qualquer outro objeto que espiritualmente fale com você ou chame sua atenção. Depois, segure aquele objeto da natureza nas suas mãos, feche seus olhos e peça a ele para lhe ensinar algo importante que possa ser de ajuda para você nesse momento. Preste atenção às idéias, imagens ou sensações que lhe ocorrem. Cada imagem, idéia ou sensação torna-se o mensageiro carregando uma mensagem de grande importância. Para Lynn, as folhas da árvore a fizeram lembrar da vibração que ainda existia dentro da sua própria vida. O que aquelas folhas lhe diriam se você as segurasse em suas próprias mãos? Sinta-se à vontade para usar o espaço que sobrou nesta página para anotar brevemente qualquer pensamento ou sentimento que possa vir à sua mente depois desta experiência.

CAPÍTULO OITO

AQUELE QUE ESCAPOU... OU SERÁ QUE NÃO?

"Se a gente tiver sorte, uma única fantasia pode transformar totalmente um milhão de realidades."

- Maya Angelou[23]

O lago estava calmo quando nos sentamos para pescar, num pequeno barco a motor. Isso foi no verão de 1979, quando fizemos uma viagem de férias para *Lake Isabella*, uma cidade pequena, poucos quilômetros ao noroeste de Los Angeles. Meu filho Casey estava determinado a fisgar seu primeiro peixe. Paramos na loja de materiais de pesca e nos abastecemos com todo o equipamento que precisávamos para nosso passeio da tarde: isca, anzol, vara de pescar, etc.

Horas se passaram enquanto Casey, pacientemente, esperava que algum peixe mordesse a sua isca... De repente, sua vara começou a se encurvar e seus grandes olhos castanhos se encheram de excitação, "Mamãe, papai", gritou, "Acho que consegui fisgar meu peixe...". Nós todos olhamos quando Casey agarrou sua vara firmemente e puxou o seu peixe. O que parecia ser um peixe de tamanho bastante bom, lentamente, começou a mover-se e a girar em direção à superfície. Então, nosso entusiasmo rapidamente virou desapontamento. Ao invés da esperada lampreia, havia um grande galho marrom dependurado na ponta da vara de Casey. Eddie e eu dissemos que ele estava indo bem e que continuasse a pescar. Sendo a criança determinada que era, Casey fez exatamente isso e continuou a esperar pacientemente por um peixe. Mais para o fim da tarde, concordamos em desistir e regressar à doca.

Quando amarramos nosso barco na doca, percebemos que os outros pescadores exibiam seu dia de pesca. Reconhecemos um deles porque ele havia pescado perto de nós. Estava segurando uma linha cheia, com cerca de 10 lampreias grandes. Acho que nos reconheceu também, e veio ver como Casey tinha se saído. Dissemos que não tínhamos pescado nada mas que havia sido divertido de qualquer forma. Casey rapidamente nos interrompeu , "Como assim, minha gente... nós também pescamos algo... *eu* pesquei um galho!" E ali ele ficou, orgulhosamente, segurando o "peixe galho" que tinha fisgado. O pescador era muito gentil e obviamente sabia como falar com as crianças, porque ele disse, "Bem, filho, você realmente pescou algo... e é um belo e forte galho". Casey estava radiante, achando que seu dia fora um verdadeiro sucesso.

Já faz uns vinte anos desde aquela tarde em *Lake Isabella*, e eu ainda reflito sobre o importante ensinamento que Casey me proporcionou. Como adultos, nós, com freqüência, baseamos nosso sucesso no produto final de nossa ação. Casey me ensinou que o produto final não é tão importante como a habilidade de *ver além* da realidade material e medir o sucesso com a sabedoria plena de nosso coração.

OITAVO PASSO

O CÍRCULO DO SUCESSO

"Há um propósito para nossas vidas muito mais grandioso e significativo do que talvez jamais tenhamos considerado."

- David McNally[24]

Mantendo a idéia de sucesso pessoal de Casey em mente, talvez você também tenha sua própria história de peixe-galho, que pode ter se esquecido por viver na rápida rotina da vida com todas as suas "realizações". As idéias seguintes podem ajudá-lo a refletir sobre o que sucesso realmente significa para você. Talvez você fique surpreso com sua "pesca" agradável no fim do dia.

- Primeiro, pegue um bloco de notas e escreva tudo que vem à sua mente sobre seu significado *pessoal* de sucesso. Você pode começar com uma simples frase como "Sucesso significa..."

- Depois, desenhe um círculo, divida-o em quatro quadrantes e escreva as palavras "Vida Familiar" em um quadrante, "Vida Profissional" em outro, "Vida pessoal" no terceiro e a palavra "Vida Espiritual" no quarto. Você pode também usar o círculo dado na próxima página.

- Depois de dividir o círculo, volte à sua lista e escreva palavras-chaves dentro de cada quadrante. Por exemplo, se escreveu "Sucesso significa paz interior", você escreveria "paz interior" no quadrante Vida Familiar, Vida Profissional, Vida Pessoal ou Vida Espiritual? Você pode escrever a mesma frase ou palavra em mais de um quadrante.

- À medida que olha para o círculo, observe as áreas de sua vida nas quais alcançou sucesso. Pode ser que tenha mais palavras ou frases de sucesso listadas em um setor e menos em outro. Este exercício, *O Círculo do Sucesso* poderá ajudá-lo a descobrir quais áreas de sua vida estão mais enriquecidas e quais podem precisar de mais atenção.

O Círculo do Sucesso

PARTE TRÊS

RESTAURANDO O SOPRO DA VIDA

"A verdade não leva a nada além do crescimento: ela não possui método que não seja como o 'método da rosa' – que é simplesmente crescer."

- Laurens van der Post[1]

Aloha é uma palavra havaiana com muitos significados. Dentre eles estão olá, espírito e amor, para citar alguns. Eu vim a aprender que há também um outro significado, que amplia a idéia de que estamos todos conectados por uma rede de relacionamentos. Durante uma de nossas aulas, meu amigo e professor, Kalani Flores, ensinou-me que a raiz "ha" da palavra Aloha está relacionada com respirar. Mas não só respirar relacionado à respiração comum, mas relacionado ao sopro que nos conecta com tudo da vida... passado, presente e futuro... tanto da vida humana quando de todas as espécies de plantas e animais de nosso mundo natural. Embora existam outras interpretações, Kalani explicou que a raiz "Alo" da palavra significa: "Eu o saúdo frente a frente". Então, juntando as duas raízes, o significado de Aloha se desdobra em: "Eu o saúdo frente a frente com o sopro de tudo da vida".

Às vezes, os desafios persistentes do trauma e da dor ameaçam sufocar o verdadeiro sopro de vida dentro de nós. A idéia de cumprir uma simples tarefa do dia-a-dia como estender a cama ou se vestir, torna-se um grande esforço. Estamos continuamente sendo convocados pelos desafios da vida a criar novas formas de enfrentar estes mesmos desafios com um senso de dignidade e esperança. É minha esperança que as histórias compartilhadas nesta parte do livro possam inspirar você a encarar os obstáculos que bloqueiam suas habilidades de desfrutar a vida, e restaurar o seu senso de equilíbrio e harmonia interiores... e o sentido de Aloha se funde então ao próprio ato de estar vivo.

CAPÍTULO NOVE

WILLIE E A PLANTAÇÃO DE INHAME

"Nada retém sua própria forma;
mas a Natureza, a maior renovadora,
sempre combina forma com forma.
Tenha certeza que não há nada deteriorado em todo universo;
ela apenas transforma e renova sua forma."

- Ovid[2]

Um dia, uns oito meses depois do furacão Iniki, bateram à minha porta. Uma mulher com quem trabalhei no abrigo me cumprimentou timidamente. "Não quero incomodá-la em casa", disse Annie, "mas preciso de sua ajuda". Assegurei-lhe que não era incômodo algum e convidei-a para entrar. (Aqui em Kauai é assim, seu consultório é onde quer que você esteja no momento.) Com desespero na voz, Annie perguntou se eu conversaria com seu irmão Willie. Havia acontecido um trágico acidente meses atrás, no qual Willie acidentalmente atirou e matou o irmão deles, Daryl, durante uma caça em família. Nesse dia, Daryl não tinha colocado seu colete de caça brilhante e colorido como normalmente fazia e, quando ele fez um ruído entre os arbustos, Willie equivocadamente pensou que o barulho era de um cervo. Tragicamente, não era um cervo, mas seu irmão mais novo. Depois do acidente, Willie ficou muito deprimido e nervoso, e estava bebendo muito. Suas explosões violentas fizeram com que sua esposa iniciasse uma ação legal contra ele. Ele estava em liberdade condicional com orientações específicas para freqüentar um programa de apoio a usuários de drogas e para aprender a controlar sua raiva.

Como um homem havaiano orgulhoso, Willie não se sente confortável em conversar sobre sentimentos pessoais em público, muito menos em um grupo de estranhos. Embora inicialmente tivesse participado dos grupos de apoio a usuários de drogas, ele foi se afastando e se sentindo mais e mais deprimido. A depressão de Willie chegou a tal ponto que ele ameaçou pegar uma arma e se matar. Contou-me posteriormente que alguma coisa, que ele não consegue explicar o que, o impediu de puxar o gatilho. Assegurei a Annie que conversaria com Willie se ele se dispusesse a conversar comigo. Ela disse que o traria ao meu consultório e então nos deixaria a sós. Estava claro o quanto ela amava seu irmão.

Annie fez como prometeu. Trouxe Willie ao meu consultório, apresentou-nos, e nos deixou a sós para *contar histórias*. Enquanto fechava a porta, eu pensava em como iríamos começar. Com os grandes braços queimados de sol cruzados, Willie sentou-se a minha frente, em uma velha poltrona de vime com o assento levemente rasgado. A bondade de Willie era bastante aparente, apesar de sua forte estrutura havaiana. Suas verdadeiras *canções do coração* pareciam estar silenciadas pela dor intensa que estava vivendo. Neste momento de sua vida, o álcool e a raiva eram seus únicos meios de expressar a dor que não conseguia tolerar.

Instintivamente, sabia que não deveria fazer perguntas diretas sobre o acidente... seria como cutucar suas feridas expostas. Ao invés disso, escolhi uma abordagem mais leve, mais indireta, mais respeitosa do ponto de vista cultural e igualmente mais confortável para mim. Comecei a compartilhar coisas sobre mim mesma – não só sobre Joyce, a terapeuta, mas mais importantes, sobre Joyce, a pessoa. Contando a Willie sobre mim mesma, eu compartilhava histórias de como aprendi a olhar a natureza como contendo todos os remédios para nos ajudar a curar nossas dores. Eu estava me referindo a remédio espiritual, não a remédio encontrado em farmácias. Falava sobre o furacão e contei a história da árvore Milo no jardim da frente e como a natureza tinha uma forma de falar conosco e nos ajudar de muitas maneiras. Willie deve ter gostado do que ocorreu naquela primeira sessão, porque quis voltar.

Durante os muitos encontros, nunca falamos diretamente sobre álcool, violência ou a morte do irmão dele. Mesmo assim, todas as suas questões foram tratadas no ir e vir das histórias que compartilhávamos... e essas histórias pareciam agir como uma almofada na qual Willie podia descansar sua alma dolorida e exausta.

Uma das histórias que compartilhei com ele no começo de nossos encontros foi sobre uma vez que participei de uma cerimônia na tenda da transpiração (*sweat lodge*) na qual eu achei que realmente ia morrer. Expliquei que a tenda da transpiração é uma cerimônia nativo-americana para purificação e oração*.

A tenda é uma estrutura em forma côncava, feita com uma estrutura de madeira e coberta com cobertores (ou outro material disponível), para que fique bem escuro dentro, simbolizando um útero. Há uma cova redonda cavada no centro da tenda. Grandes pedras de lava ficam em uma fogueira por horas, fora da tenda, para serem trazidas para dentro e colocadas na cova, uma por uma. A tenda é baixa, de forma que os participantes devem engatinhar como criancinhas, não havendo espaço para ficar de pé. As pessoas se sentam ao redor da cova e esperam o coordenador, ou o oficiante da cerimônia, começar as orações. Compartilhei o que aprendi sobre as pedras serem sagradas e sobre o fato de serem chamadas de Avôs, Avós, Povo de Pedra ou

*Cada tenda e cerimônia pode ser diferente, dependendo da tribo e de quem conduz.

parentes, dependendo de quem conduz a experiência. Elas não são vistas como objetos inanimados, mas como membros sagrados de um círculo maior da Criação.

Disse a Willie que numa tenda da transpiração há quatro momentos... assim como há quatro estações... quatro direções... e três trimestres de gravidez com nascimento no quarto. Disse a ele o quanto eu queria sair correndo durante o segundo momento porque o calor estava muito intenso. Meu coração estava batendo mais alto e mais rápido que os tambores do lado de fora e eu me sentia como se não pudesse respirar. Mas entendi que tudo que eu queria era fugir do meu próprio medo... minha própria dor. O coordenador da vivência sentiu meu medo e desespero através da escuridão da tenda e gentilmente me confortou dizendo para colocar meu rosto perto da Mãe Terra. "Respire nela...", ele disse, "sinta o frescor, deixe seu medo ir embora... a terra cuidará de você". Fiz como ele sugeriu e consegui participar dos quatro momentos. Assim sendo, saí da cerimônia com uma força interior que nunca havia experimentado antes.

Minha intenção através do relato desta história foi de tranqüilizar Willie quanto ao processo terapêutico. Queria muito que ele soubesse que eu compreendia que, em certos momentos, ele talvez quisesse fugir de problemas dolorosos, e que encarar suas dificuldades poderia parecer, literalmente, uma ameaça à sua própria vida. Mas, ficando e confrontando seus medos, ele poderia sair com um sentimento renovado de força interna e bem-estar.

Com poucas semanas escutando histórias sobre pedras, folhas, moscas, borboletas, oceano e furacões, Willie vagarosamente começou a compartilhar histórias de sua família... de suas experiências como uma criança que cresceu em Kauai, caçando, pescando, trabalhando nos campos de inhame. O rosto de Willie tinha um brilho especial quando falava sobre seus filhos e seu novo neto, a quem ele deu o nome de Kahana, que significa *ponto de mudança* em havaiano. Foi possível perceber o quanto era importante para ele ser aquele que conta histórias para seus filhos... e para seu neto. Ele é o avô, o guardião das histórias, responsável por passá-las de uma geração para outra.

Durante essa época, comecei a ter aulas de havaiano com Kalani Flores. Kalani não ensina de uma forma corrida. Ele ensina através de histórias tecidas com as palavras. Uma noite, Kalani estava ensinando números e começou a falar sobre o número *quatro*. Em havaiano, quatro é *eha* (Âhá, com acento tônico em *ha*). Ele disse que a raiz da palavra é *ha* e em havaiano, *ha* significa *sopro da vida*. Desenhou então a figura de uma planta de inhame, que ainda é a principal fonte de alimento do povo havaiano. Contou-me que o talo que conecta o inhame às folhas é o *ha*... o sopro da vida. A planta de inhame na base do *ha* (talo) é chamando de *kalo*, e é considerado a *makua*, planta-mãe. Os brotos mais jovens que nascem da *fonte-mãe* ou *raiz-mãe* são chamados *'oha*, que é a raiz da palavra *'ohana*, que significa família. Kalani explicou que, quando a planta é colhida, o *ha* é replantado e as gerações do inhame continuam a florescer. Enquanto Kalani falava, percebi o profundo significado desta planta para o bem-estar daquelas pessoas – não só para a alimentação mas também no sentido espiritual. As plantações de inhame foram substituídas pelas de cana de açúcar quando as ilhas foram colonizadas por estrangeiros. Mais que uma mudança na produção, a imposição agrícola foi uma agressão direta, um ataque direto no coração do *'ohana* – o sopro da vida – do povo havaiano.

Depois de compartilhar o que tinha aprendido com Kalani sobre o inhame, Willie e eu continuamos a conversar sobre os campos de inhame por uma hora inteira. Willie tinha um conhecimento vasto sobre o mundo natural e eu sabia que isso era uma entrada para um nível mais profundo de cura para ele. Às vezes, não percebemos que as histórias que carregamos em nosso sangue contêm o remédio que pode curar nossos corações feridos. No caso de Willie, seu remédio era evidente. Ele carregava as histórias, como foram passadas a ele por seus muitos ancestrais, assim como as histórias que ele vivia diariamente. Semana após semana, compartilhamos histórias um com o outro, algumas de minha cultura judaica, misturadas com minha experiência com o povo nativo, e histórias da cultura havaiana de Willie e sua experiência de vida.

Nesse momento do seu processo de cura, Willie tinha parado completamente de beber e seus ataques violentos tinham cessado. Ele foi até mesmo capaz de recomeçar a caçar com seus outros irmãos e tios, algo que não havia conseguido fazer por meses depois do acidente. Willie estava se reconectando, nitidamente, com a *magia* de sua própria vida.

À medida que as semanas passavam, Willie começava a falar mais e mais sobre começar uma plantação do inhame num campo grande ao lado da casa de Annie. No passado, o campo era uma plantação de inhame, mas depois, por muitos anos, só foi usado como pasto para animais. Finalmente, Willie decidiu que era isto mesmo o que queria fazer... devolver os campos ao inhame. Talvez este fosse, para Willie, seu memorial pessoal para seu amado irmão Daryl. Ele sabia que esse era um empreendimento grande, envolvendo trabalho árduo, limpar e nivelar acres de terra, plantando cada um dos milhares de talos à mão, monitorando os níveis da água diariamente. Sabia também que sua recompensa final... a colheita... só aconteceria depois de um ano do plantio inicial. Apesar disso, Willie colocou sua tarefa em ação com a ajuda de toda sua família.

Quando Willie me contou que leva um ano inteiro para colher o inhame, eu me lembrei da história que tinha ouvido de um rabino, contando que, em um enterro judaico, quando somos convidados a jogar um pouco de terra sobre o caixão, isso é para simbolizar o plantar daquela alma no Céu... e que nosso período de luto dura um ano inteiro. Depois daquele ano, chega o momento de voltarmos à vida para colhermos seus frutos.

Em dezembro de 1994, um ano depois de milhares de talos terem sido plantados, Willie, juntamente com amigos e a família, colheu seu primeiro inhame. Fui convidada para participar e, naturalmente, estava encantada e honrada em aceitar. Pulei da cama às 6:30 da manhã, coloquei minha velha bermuda preta, uma camiseta larga e fui para a casa de Annie para colher inhame pela primeira vez na vida. Com o sol ainda baixo no horizonte, as montanhas sombreadas de rosa do pacato vale de Waimea, o sempre presente cacarejar dos galos e a música do coaxar dos sapos, eu andava descalça na lama macia e com a água até os joelhos, que era o solo em que o inhame enraíza*. O ato de afrouxar a planta-mãe com meu pé, alcançar no fundo das águas enlameadas com as minhas mãos e puxar o inhame, inesperadamente reconectava-me com algo que eu havia estado lutando desde que nos mudamos para o Havaí.

Desesperadamente, vinha sentindo falta dos vários rituais e cerimônias nativo-americanas das quais participava enquanto vivia no continente. Estes rituais e cerimônias me religavam à sensação do sagrado dentro de mim, com um sentimento de pertencer a algo bem maior do que eu. E até agora, sem ter nenhuma cerimônia ou ritual em que participasse desde que havíamos mudado, sentia-me dolorosamente desligada de meus parentes espirituais e das melodias verdadeiras do meu coração. Eu me sentia, com freqüência, perdida e sozinha, com pouco em que me segurar. Mas nesse dia, parada ali numa plantação de inhame,

*Nota do editor: na forma em que ele é cultivado no Havaí.

numa bonita manhã na ilha de Kauai, segurando o inhame em minhas mãos manchadas de roxo, eu me lembrei da história da árvore Milo e do que Ray havia me contado. "Quando uma árvore como aquela é derrubada e você a levanta de volta e replanta as raízes, ela se torna ainda mais forte que antes, porque suas raízes têm que alcançar mais fundo na terra para conseguir alimento". Pela primeira vez desde que nos mudamos, me senti como se minhas raízes tivessem uma terra segura onde se fixar. Através da crescente rede de relacionamento com a natureza, o inhame estava claramente "falando" comigo. De certa forma, recebi um *transplante de coração* espiritual.

Enquanto ponderava sobre minhas novas aprendizagens através da natureza, o som de gargalhadas chamou minha atenção. Voltando-me àquela direção, vi Willie e sua família verdadeiramente felizes. Não pude deixar de pensar em Daryl, o irmão morto. Embora eu nunca o tivesse conhecido, senti sua presença e, silenciosamente, lhe disse, *"Mahalo* [obrigada], porque talvez seja através de seu espírito que nós fomos capazes de nos reconectar com nossos próprios *sopros de vida*".

Ali estava eu com Willie, Annie e sua família... todos nós com água e lama até os joelhos, segurando raízes de inhame em nossas mãos, preparando os talos para a próxima plantação. Quando penso nisso hoje, parece como se a natureza estivesse nos contando sua própria história sobre esperança e cura, lembrando-nos que no ciclo da vida há sempre uma "próxima plantação".

NONO PASSO

O ESCUDO DE IDENTIDADE

"Quando o escudo se torna visível, significa: Aqui está a história. Entre nela e seja criado. A história fala do seu verdadeiro ser."

- N. Scott Momaday[3]

Você já se pegou alguma vez pensando: "Quem sou eu?... Já nem sei mais quem sou eu... Minha vida me parece ser um grande vazio..." Pois bem, eu certamente já pensei nisso, principalmente quando estou no meio de mudanças importantes na minha vida. Imagino que talvez seja por isso que, quando me deparo com alguma coisa que pode me ajudar a transformar minha autocrítica em auto-apreciação, minhas antenas vibram como as orelhas de um cachorrinho faminto quando chamam seu nome para o jantar.

Em certa ocasião, quando dava um workshop sobre o uso de histórias, de rituais e de cerimônias para a cura, na tribo *Warm Springs* em Oregon, tive uma discussão muito interessante com Art McConville, um nativo-americano que é educador, artista e líder espiritual da tribo Nez Percé. Depois de compartilhar com ele minha história sobre o Vaso de Sonhos (veja página 39), Art me contou que isso o lembrava de como ele usa escudos em seu trabalho com adolescentes problemáticos para ajudá-los a resgatar suas próprias identidades de uma forma positiva.

Art me contou que, há muito tempo atrás, povos nativos usavam escudos para diferentes propósitos; por exemplo, para proteção em batalhas, ou para identificar quem vivia em cada tenda nos acampamentos indígenas. Disse que, ao invés do endereço – como Avenida Brasil, 426 – que não diz nada sobre a pessoa ou família que vive ali, cada tenda tinha um escudo decorado com penas, pele de animal, conchas e outros elementos naturais. Essencialmente, estes símbolos contavam a história de quem vivia dentro da tenda ou oca.

Depois de conversarmos, comecei a pensar em usar o conceito de escudos em meu trabalho. Como o Vaso de Sonhos, minha esperança era produzir uma experiência criativa que ajudasse cada pessoa a identificar e resgatar aqueles símbolos que melhor a representassem a fim de identificar e reconectar com quem realmente "vivia dentro" – não com palavras, mas com imagens – a forma mais antiga de contar histórias.

Desde então, os escudos se tornaram uma parte integrante de minha vida pessoal, assim como de meus treinamentos profissionais e palestras. Assim sendo, vamos fazer a seguinte experiência agora: eu o convido a criar seu próprio Escudo de Identidade, de duas formas. Você pode usar o desenho do círculo dado na página 165, ou pode seguir as instruções para criar um escudo feito com materiais de verdade.

Desenhando seu Escudo de Identidade

Use canetas coloridas, lápis de cera, ou qualquer material de desenhar que você preferir.

1 - Comece fechando seus olhos e respirando profundamente, inalando através de suas narinas e exalando através de sua boca. Depois de algum tempo, imagine-se vendo os símbolos que melhor representam você – aspectos de sua vida e personalidade em termos de natureza, *hobbies* e interesses. As perguntas seguintes podem ser úteis na identificação destes símbolos. Pergunte-se:

- *Que animal ou pássaro mais me remete a mim mesmo*? Eu, Joyce, me identifico mais com a borboleta por causa do meu interesse em mudanças que levam a transformações mais profundas, assim como a águia, por causa de minha crença na importância da visão a partir de uma perspectiva mais ampla. Um de meus colegas identifica-se como sendo um urso porque gosta de hibernar e é muito protetor. Uma jovem, com quem trabalho, se identifica com uma tartaruga. Ela diz que quando se sente ameaçada, assim como a tartaruga, ela busca segurança de dentro. Uma professora de um de meus workshops se identificou como se parecendo mais um golfinho, amando o oceano e sendo muito brincalhão.

- *Se eu fosse uma parte da natureza, qual seria*? Você acha que é como uma árvore forte com muitos galhos, uma montanha imponente com picos e vales? Ou como um riacho tranqüilo, um rio violento, ou mesmo um poderoso oceano?

- *Quais são meus* hobbies *ou interesses*? Uma adolescente com quem trabalhei, se lembrou de como ela gostava de ser fotógrafa e desenhou uma máquina fotográfica em seu escudo. Um psicólogo em um de meus workshops desenhou imagens de tambores e um violão por causa de sua paixão por música. O mais emocionante para mim foi uma vez que estava trabalhando com uma senhora de seus 70 anos que tinha as duas pernas amputadas. Ela decidiu desenhar uma figura de sapatilhas, porque em sua juventude havia sido uma dançarina. Para ela, essa imagem lembrava a dançarina dentro dela que ainda tinha a habilidade de rodopiar e pular no palco de sua mente.

Com estas perguntas em mente, deixe que cada símbolo que melhor represente uma característica de sua personalidade surja em seu olho da mente, lenta e confortavelmente. Talvez, só uma imagem venha ou talvez muitas imagens fluam. Não importa. Como meus parentes nativo-americanos afirmam, "Tudo é bom".

2 - Quando as imagens estiverem claras em sua mente, abra seus olhos e comece a desenhá-las dentro do círculo do Escudo de Identidade.

Meu Escudo de Identidade

Criando seu Escudo de Identidade concreto, à mão

Uma outra opção é fazer seu *Escudo de Identidade* de materiais como tecido ou couro, galhos flexíveis ou palhas de cesto, tintas, penas, contas e assim por diante. Ele pode ser feito por você mesmo, sozinho ou em grupo. Por exemplo, a produção de escudos é parte integrante das jornadas para mulheres que coordeno junto de duas outras psicoterapeutas, como parte do Projeto Turtle Island. Nestas jornadas de renovação e cura, em contato intimo com a natureza, as participantes têm um momento tranqüilo para passear pelos jardins ou mata, e refletir sobre como estão em suas vidas neste momento particular, física, mental e espiritualmente. É pedido, então, que elas encontrem um galho flexível tipo bambu e algo mais da natureza que "converse" com elas... algo que elas queiram que faça parte de seu escudo. Nós fornecemos um pedaço de lona natural para o escudo, tintas acrílicas de várias cores e uma coleção variada de penas, contas e fios.

Depois de voltarem de seu passeio de auto-reflexão, com seus galhos e objetos encontrados na natureza, mostramos a elas como curvar os galhos gentilmente para formar um círculo. Se for necessário, o galho pode ser colocado de molho para ficar mais flexível. Quando o aro é formado, as extremidades são então amarradas com um fio.

Em seguida, pedimos que cortem um círculo da lona um pouco menor que o aro para caber dentro dele. Demonstramos então, como costurar o círculo de lona no aro.

O último passo é segurar o escudo com a tela vazia nas mãos, fechando os olhos, fazendo algumas respirações profundas e deixando emergir os símbolos que melhor as representem. Quando estes símbolos surgem, elas abrem seus olhos e decoram seus escudos.

Nós todas trabalhamos numa sala e compartilhamos histórias, com muitos momentos de quietude, risos, música e paz. Isso me faz lembrar das antigas rodas de senhoras, para fazer colchas de retalhos, que já vi em filmes. Esse é um perfeito exemplo de "desenvolvimento de equipe" de forma natural! Embora muitos digam que não há um "eu individual" na palavra "equipe", acredito que sem o agrupamento coletivo de "eus individuais"... das identidades de cada um... não há "olhos" para uma verdadeira visão*. A chave do trabalho em equipe é unir as identidades valorizando a contribuição singular e atributos de cada pessoa. Este conceito pode ser aplicado tanto em situações familiares quanto de negócios.

* * *

Depois de muitos anos trabalhando com esses escudos, aprendi que cada escudo é particularmente único, especial, para o indivíduo, naquele momento específico da sua vida.

---

*Nota de tradução: a autora usa aqui um interessante jogo de palavras impossível de se perceber em português. Ela utiliza o fato de eu ser escrito somente com a letra I – *there is no I in the word team* – e a semelhança fonética entre as palavras *I* (eu) e *eye*(olho) nas frases – *without the collective "I's"* – e – *there are no "eyes" for true vision*

Reflete forças que podem estar obstruídas de sua visão consciente. Por exemplo, no primeiro retiro que fiz no Arizona, logo depois do furacão Iniki, em setembro de 1992, o centro de meu escudo estava vazio. Não me surgiu nenhum símbolo para me representar. Inicialmente isto me perturbou bastante, porque os símbolos são uma parte integrante de como processo informações à minha volta. E à medida que o fim de semana prosseguia, não importando o quanto eu me esforçasse para que as imagens aparecessem, a lona continuava vazia.

Finalmente, na manhã de domingo, logo após o nascer do sol, percebi que o escudo vazio transmitia perfeitamente onde eu estava naquele momento específico de minha vida: eu estava, literalmente, *vazia.* Eu havia acabado de me mudar para longe de todos que conhecia, não tinha emprego, nem senso de conexão espiritual. Além de tudo, tinha passado por um furacão. Minha vida estava realmente vazia, em branco. De fato, isso veio como um alívio para eu acomodar confortavelmente, ao invés de lutar contra, o que eu estava experimentando. Eu estava vazia e dormente e, ao mesmo tempo, também sabia que estava começando de novo.

Guardo este escudo numa cesta de vime com flores silvestres que colhi naquele quente fim de semana de setembro no Arizona, para me lembrar do ensinamento de um velho ditado taoísta que encontrei no *Tao Te Ching*[4] de Lao-tzu traduzido por Gia-Fu Teng e Jane English, sobre o valor do espaço vazio.

Trinta raios convergem para o centro de uma roda;

É o vazio central que a torna útil.

Transforme a argila em vaso;

É o espaço de dentro que o torna útil.

Faça portas e janelas para um quarto;

São os buracos que o tornam útil.

Portanto, o proveito vem do que está aí;

A utilidade, do que não está.

Talvez tenham existido momentos em sua vida quando também se sentiu vazio – destituído de idéias, sentimentos ou soluções para problemas. Talvez quando fizer seu escudo, você também descobrirá algo importante sobre a beleza de sua própria utilidade, e resgate os símbolos da magia de seu próprio coração.

CAPÍTULO DEZ

O VASO DE LUZ

"Acima de todas as coisas que ama,
tome conta de seu coração, pois dele surge a vida."

- Provérbios 4:23[5]

Com o cabelo liso, castanho, caindo solto dos lados do rosto, Jaimi, de aparência frágil, sentou-se encolhida em um almofadão tipo pufe, separada das outras meninas do grupo. Toda vez que uma das garotas falava, Jaimi revirava os olhos como se dissesse: "Ah... por favor", resmungava um pouco, e continuava em sua posição segura, enrolada como um caramujo ameaçado por um predador em potencial. Em sua tenra idade de quinze anos, Jaimi já havia feito parte de gangues, fugido de casa, e disfarçava sua tristeza, raiva e sentimento de desesperança ferindo-se com pontas de lápis e arranhando sua pele com clipe de papel. Como muitas das nossas crianças hoje em dia, Jaimi era uma adolescente que tinha sofrido muitos abusos e negligências, e passou por diferentes lares de adoção. Por fim, ela terminou em um centro de reclusão para o tratamento de jovens em Oregon, a qual visitei todos os anos entre 1987 e 1995, trabalhando com as crianças e a equipe, contando histórias e fazendo rituais de cura.

Nesta tarde, no outono de 1993, estávamos reunidas em uma sala ampla e aconchegante com sofás macios, almofadas com estampas de flores no chão e alguns pufes, confortavelmente colocados em frente a uma lareira grande de pedras, para *contar histórias,* como se diz no Havaí.

Depois de uma hora interagindo com as meninas, elas me perguntaram se eu conhecia algumas boas histórias havaianas. Depois de pensar um pouco, lembrei-me de uma história antiga que encontrei no livro *Tales of the Night Rainbow* (6,7) contada pela Avó Kaili'ohe Kame'ekua aos netos Pali Joe Lee e Koko Willis. Todas as meninas do grupo juntaram-se para ouvir a história... todas, exceto Jaimi. Com os braços firmemente abraçando os joelhos, ela permanecia encolhida à distância. Apesar disso, comecei a contar a história da melhor maneira que eu lembrava.

> *Há muito tempo atrás, havia esta maravilhosa avó, que vivia na pequenina ilha de Moloka. Seu nome era Kaili'ohe Kame'ekua e ela tinha mais de cem anos quando morreu em 1931. A avó Kame'ekua e sua família ensinavam os filhos por meio de histórias, canções antigas e parábolas. Uma história que era muuuito importante para sua 'ohana, que significa "família" em havaiano, é que toda criança nasce com um Vaso de Luz Perfeita. Se a criança cuidar bem da Luz, a Luz aumentará e ficará forte. A criança será capaz de fazer muitas coisas, tais como nadar com os tubarões e voar com os pássaros, e se tornará uma pessoa sábia. Todavia, algumas vezes aparecem coisas negativas na vida da criança... Mágoas, raivas, ciúmes ou dores. E estas mágoas, raivas ou dores viram pedras e caem dentro do vaso. E logo podem existir tantas pedras que você não consegue mais ver a Luz... E, em pouco tempo, a criança pode se tornar como uma pedra; e não consegue crescer... não consegue se mover. Você sabe, Luz e pedra não podem ocupar um mesmo espaço. Mas, o que a Avó Kame'ekua nos diz é que o que toda criança precisa fazer é virar o vaso de cabeça para baixo e tirar as pedras e a Luz crescerá outra vez... Sim, a Luz está sempre lá.*

Quando terminei a história, Mabel, de 14 anos, espontaneamente disse que pensava sobre seu próprio abuso e uso de drogas como uma forma de lidar com as dores, conflitos e desafios de sua vida: "Estas coisas más que acontecem são como as pedras da história. Acabam com a luz." Hannah, de 16 anos, disse que ela achava que a história falava de auto-estima... "como se o vaso de luz fosse como os compartimentos bonitos que temos dentro de nós". Eu escutava com o coração aberto à medida que as meninas processavam o que a história significava para cada uma delas.

Muitas ficaram visivelmente tocadas pela história. Contudo, eu não sabia o quanto a história havia tocado uma certa menina, até poucos minutos depois do grupo terminar. Era Jaimi, a garota sentada no almofadão. Com sua terapeuta ao seu lado e com delicadas lágrimas começando a correr pelas bochechas, Jaimi disse: "Tia Joyce, em toda a minha vida só o que via eram nuvens escuras, mas, depois de ouvir essa história, um raio de luz atravessou as nuvens e eu *sei* que vou ficar bem." Enquanto Jaimi falava, levantou o dedo tremendo para desenhar no ar um raio rasgando a escuridão. As delicadas lágrimas de Jaimi então se transformaram em fortes soluços enquanto contava que havia estado à beira do suicídio e tinha perdido a esperança de se sentir bem um dia. Continuou falando que tudo que sentia era raiva dos abusos que sofreu durante sua vida, sem forças para fazer as mudanças que ela precisava para ser feliz. Mas, ao ouvir a história da vovó *Kame'ekua*, soube que "poderia tirar as pedras do seu vaso", e o mais importante, que *havia* um vaso de luz para ela.

Entre soluços, o sentimento da Jaimi passou de desesperança a determinação. Decidiu fazer o seu próprio vaso de luz, de argila, e juntar as suas pedras, que representariam sua dor, raiva e abuso. A luz começava a brilhar através da escuridão na vida da Jaimi.

Em uma visita de retorno, uns seis meses depois, Jaimi estava ansiosa por me mostrar o vaso que tinha feito com muitas pedras que havia apanhado. Convidou-me para ir com ela, procurar um lugar para despejar suas pedras – literalmente. Senti-me honrada por ser incluída e concordei sem hesitar. O dia estava deliciosamente úmido em Oregon, quando descemos por uma estrada ladeada de pinheiros, que terminava no centro de tratamento. Enquanto caminhávamos, Jaimi orgulhosamente me contava das mudanças na sua vida desde que havia escutado a história pela primeira vez: estava conseguindo freqüentar uma escola secundária padrão, fazer amigos e até namorar. Dando uma risadinha, sussurrou: "Já havia me esquecido o tanto que é delicioso um *sundae* coberto com chocolate quente."

No caminho, Jaimi percebeu um grande matacão de pedra aninhado debaixo dos pinheiros que exalavam um doce perfume, e pensou que este seria um bom lugar para deixar suas pedras. Depois de alguns minutos em silêncio, de reflexão e de preces, Jaimi cuidadosamente virou o vaso de cabeça para baixo, deixando as inúmeras pedras que havia juntado rolarem sobre a grande rocha, indo parar na grama fofa e verde que a circundava. Emocionada, ela comentou: "Tia Joyce, isto é igualzinho ao que a Avó disse na história; tudo que precisamos fazer é colocar o vaso de cabeça para baixo, retirar as pedras e a Luz aparecerá e crescerá novamente, não é mesmo?"

Jaimi agora está com seus vinte anos. Recebeu o diploma do ensino médio e quer continuar seus estudos. Encontrou um rapaz especial e está esperando seu primeiro filho. Finalmente Jaimi está realizando os sonhos que haviam ficado trancados na escuridão de seu desespero.

Quando Jaimi e eu nos falamos pela última vez, ela me disse que seu vaso de luz havia quebrado acidentalmente em uma mudança. Sentida pelo que aconteceu, sugeri que talvez ela pudesse fazer outro. Pensativa, Jaimi respondeu: "Não, não preciso mais fazer isto, tia Joyce; meu vaso de luz está brilhando dentro de mim e não pode ser quebrado jamais... está brilhando de uma forma diferente."

DÉCIMO PASSO

O VASO DE LUZ

"A história", disse o prisioneiro bosquímano, "é como o vento. Vem de um lugar bem distante e nós a sentimos."

– Laurens van der Post[8]

Inspirado na antiga história havaiana "O Vaso de Luz Perfeita", este passo pode ajudá-lo a reconstruir e a intensificar seus sentimentos de auto-estima e auto-apreciação... indicadores certos de sucesso interior e exterior, e de bem-estar. Como vimos com Jaimi, o fato dela fazer seu próprio *Vaso de Luz* a ajudou a se tornar uma participante ativa no seu processo de cura. Quando decidiu fazer seu próprio Vaso de Luz, ela deu um caráter tangível às suas mudanças internas... ela criou uma metáfora viva. O produto acabado não foi moldado por nenhuma outra visão que não fosse a dela própria. Além disso, ela teve de juntar suas próprias pedras e decidir quando, onde e como se livrar delas.

Desde que ouvi a história, decidi incluir a confecção de um vaso de luz em meus workshops. Em uma das escolas secundárias em Kauai, por exemplo, trabalhei com um grupo de adolescentes de risco. Depois que contei a história, dei pedaços de argila de secagem rápida (mais ou menos do tamanho de uma bola de tênis) para cada um e mostrei a eles como fazer seus próprios vasos de luz. Expliquei que precisariam deixá-los secar durante a noite e, depois, decorá-los nos próximos dias. Pedi também para que fossem às outras salas e se tornassem contadores de histórias, recontando "O Vaso de Luz Perfeita" para os outros alunos. À medida que esses adolescentes foram fazendo seus vasos, espontaneamente começaram a falar a respeito de suas próprias "pedras", que eram drogas, álcool e situações de abuso. Comentando sobre seus conflitos desta forma, eles já estavam dando os primeiros passos no sentido de retirar as pedras de seus próprios vasos.

Não sei se a Avó Kaili'ohe Kame'ekua fez, literalmente, seu próprio vaso de luz, mas sei que esta história inspirou o nascimento de sua criação real... e como acontece com todos os nascimentos, o crescimento os sucede.

Criando seu próprio Vaso de Luz

- Você pode usar argila de secagem rápida, tintas acrílicas e pincéis. Itens opcionais incluem pequenos objetos da natureza, tais como pedras, areia, folhas, flores ou adornos especiais que tenham um significado especial em sua vida.
- Tire um pedaço de argila do monte maior e comece a fazer uma bola. Enquanto segura a bola de argila, feche os olhos, respire algumas vezes profunda e lentamente e visualize seu vaso.
- Quando tiver a imagem em sua mente, abra os olhos e comece a moldar, na argila, o seu vaso. Uma dica importante é começar entalhando um buraco na argila com seu dedo polegar e lentamente fazer o vaso a partir desse ponto, girando a bola em sua mão enquanto vai dando forma do centro para as extremidades.
- Quando o vaso estiver pronto, deixe-o secar durante a noite ou por mais tempo, se possível.
- Em seguida, retire os suprimentos de arte e os espalhe em cima da mesa ou, se preferir, pode trabalhar no chão. Agora, pegue seu vaso seco e tome-o novamente em suas mãos, feche os olhos, respire fundo e deixe a imagem do vaso aparecer no olho da sua mente. Então abra os olhos e comece a decorá-lo.

Freqüentemente deixo meu vaso sem pintura, em seu estado natural. Outras vezes, pinto desenhos elaborados.

Desenhando seu próprio Vaso de Luz

Outra opção é desenhar o seu próprio Vaso de Luz em uma folha de papel ou na página própria neste livro. Siga as instruções que são simples e desfrute...

- Respire algumas vezes profundamente, feche os olhos e se imagine vendo seu próprio Vaso de Luz... seu formato, as cores, o tamanho e assim por diante.
- Quando você já tiver a imagem, abra os olhos e o desenhe na página seguinte. Tome o tempo que for necessário para decorá-la com todos os símbolos que venham à mente.

Meu Vaso de Luz

Identificando, ajuntando e desfazendo-se de suas pedras

As seguintes questões podem ajudá-lo a identificar suas pedras – os obstáculos que bloqueiam sua luz interior, impedindo-lhe de atingir seus objetivos.

- Que crenças negativas me impedem de atingir meus objetivos?
- Que tipo de circunstâncias da vida eu acredito que me impedem de atingir meu sucesso e minha felicidade?
- Que mensagens críticas me põem para baixo? (Exemplos comuns são: "Eu não sou bom o suficiente." "Sou burro." "Eu devia trabalhar mais." "Eu devia produzir mais.")

Uma vez identificados, pegue uma pedra para cada obstáculo. Depois, pare para pensar e decidir como, quando e onde você quer se desfazer delas. As pessoas, às vezes, dizem que não estão preparadas para se desfazer delas – sentem que precisam se agarrar a elas um pouco mais. Respeite o seu próprio tempo. Você saberá quando está preparado. Mas, se sentir que *quer* deixá-las ir embora, mas algo que não consegue identificar parece estar atrapalhando, talvez as perguntas seguintes possam ser úteis para clarear o caminho:

- Quais são as razões que me levam a me agarrar às pedras ao invés de deixá-las ir embora?
- O que acontecerá se eu deixá-las ir embora?
- Como seria a minha vida sem estes obstáculos?

Lembre-se, deixar suas pedras irem embora não significa que o incidente ou experiência nunca aconteceu, só possibilita que você reconecte com a luz com a qual você nasceu... sua habilidade inata de apreciar você mesmo. A mensagem importante aqui é respeitar seu próprio tempo. Sempre digo aos meus clientes: "Você não pode gritar com as sementes para que nasçam." Cura e crescimento nascem de cuidado, de orientação e de respeito.

CAPÍTULO ONZE

ANJOS OCULTOS

"Mais cedo ou mais tarde, em uma ou em outra vida,
cada alma deve realizar a tarefa que lhe foi designada."

- Rabino Lawrence Kushner[9]

Ba'shert em iídiche significa "era para ser". Nossa existência tem um sentido mais elevado do que só comer hambúrguer do McDonald´s e acumular cartões de crédito. Freqüentemente, pergunto aos garotos com os quais trabalho: "O que acham, Deus nos colocou aqui só para roubar carro e fumar um baseado?" Essa pergunta geralmente provoca riso ao invés de uma reação agressiva, que uma confrontação dessas poderia causar. Também é claro que nosso *objetivo maior* é algo que freqüentemente se revela nos momentos mais inesperados e nas formas mais desafiadoras. Para muitos de nós, a estrada para a realização nunca está claramente delineada ou facilmente identificada. Estamos constantemente sendo sacudidos nas descobertas. Talvez anjos ocultos estejam trabalhando, orquestrando todo o plano.

Conheci Ken Ruthrford na *National Speakers Conference* de 1995, em Minneapolis, Minnesota. Era hora do almoço e eu estava procurando uma amiga que deveria encontrar; porém não consegui encontrá-la e decidi me sentar em qualquer lugar onde houvesse uma cadeira vazia. A cadeira que escolhi era ao lado de Ken. Quando o orador principal foi apresentado, os ouvintes o aplaudiram de pé. Foi então que notei que este rapaz bonito que estava ao meu lado tinha uma perna só. Apresentamo-nos todos quando nos sentamos novamente. Ken e eu começamos uma conversa a respeito dos nossos interesses e dos tópicos da conferência. Contou-me como havia perdido a perna direita em um acidente com uma mina terrestre na Somália, enquanto trabalhava ajudando habitantes locais a garantir empréstimos para seus pequenos negócios. Trabalhava no *International Rescue Committee* (IRC) (Comitê Internacional de Resgate), uma das únicas fontes de empréstimos para países devastados pela guerra. Um dia, quando viajava por uma estrada poeirenta a caminho de uma inspeção em uma pedreira de calcário, o carro que ele dirigia com seus ajudantes somalianos foi atingido por uma mina terrestre. O veículo foi lançado para o espaço com tamanha força que fez uma cratera de um metro de profundidade no lugar da estrada onde ele caiu. Com o pé direito preso somente por um pedaço de pele e seu pé esquerdo muito machucado, Ken conseguiu se arrastar por entre as poças de sangue na poeira somaliana até um rádio, através do qual ele pôde pedir socorro.

Desde que perdeu a perna, o trabalho de Ken tomou um rumo diferente. Está atualmente fazendo doutorado em Relações Internacionais na Universidade Georgetown, em Washington D.C., e também se dedica à legislação de minas terrestres, onde espera causar um tremendo impacto a nível mundial no problema imediato relativo às minas terrestres. Acrescentou que, a cada ano, cerca de 26.000 vítimas são mutiladas ou mortas em explosões de minas terrestres em todo o mundo.

Mais tarde naquela noite, enquanto escrevia em meu diário a respeito de meu encontro com Ken, algo inesperado aconteceu comigo. Lembranças de um período muito doloroso da minha vida começaram a aflorar na minha mente. A princípio, tentei fazer com que minhas lembranças fossem embora, pensando que elas não pertenciam àquele contexto. Esta era a história de Ken, não a minha. Mas, quanto mais eu tentava ignorar meus pensamentos, mais poderosas tornavam-se as vozes, até que não pude mais silenciar as fortes lembranças que afluíam. Como acontece com todas as histórias, a de Ken se tornou uma pedra de passagem para eu utilizar, enquanto eu atravessava os rios pessoais da minha própria vida. Comecei a me dar conta de que, enquanto trilhava a estrada de uma maternidade tão esperada, eu também havia sido atingida por uma mina simbólica, há muitos anos atrás.

Em 1967, nosso primeiro filho nasceu prematuramente, pesando 1,6 kg. Todd lutou por cada respiração nos primeiros momentos de sua vida frágil. Este tão esperado momento de felicidade foi marcado pelo medo e pelas dúvidas constantes. A cada momento, meu marido Eddie e eu esperávamos notícias sobre o nível de glóbulos brancos que crescia perigosamente e sobre os padrões de respiração irregulares. O bebê viveria? O bebê morreria? Finalmente, depois de muitas horas de medo e muitos dias de orações, o nível elevado de glóbulos brancos de Todd voltou ao normal e sua respiração se tornou mais regular. Ele permaneceu na incubadora da unidade de terapia intensiva do berçário por quase três semanas.

Naqueles dias, não podíamos segurá-lo ou alimentá-lo durante todo o tempo que esteve na incubadora. Dia após dia, acompanhávamos pela janela do berçário os cuidados que amorosas enfermeiras davam ao nosso pequenino filho, até que, finalmente, após quatro semanas emocionalmente desgastantes, pudemos levá-lo para casa... Era um verdadeiro milagre.

Mês após mês, à medida que Todd crescia, eu continuava sentindo que havia alguma coisa errada com seu desenvolvimento. Não posso explicar porque notei isso – ou *o que* eu notei – porque não tinha nenhum treinamento em desenvolvimento infantil naquela época... nenhuma graduação a não ser meu diploma do ensino médio e meu instinto. Insisti nas minhas observações com o médico e só o que ouvi é que estava sendo uma "mãe superprotetora" e que não me preocupasse. Mas minha preocupação não passava, principalmente quando via todos os outros bebês ao nosso redor começando a sentar, a engatinhar e a andar. Todd não desempenhava nenhuma dessas atividades de maneira normal. Ele se movia como se estivesse se empurrando com os braços. Curvava, mas não se sentava. Suas costas eram curvadas e não em linha reta. Repetidas vezes, perguntei ao médico o que estava errado. Todd berrava o tempo todo. O que fazia bem para uma criança, como brincar no barro, despertava nele acessos de raiva. Mesmo quando eu pegava Todd para confortá-lo, ele se movia violentamente e se desvencilhava. Talvez essa fosse a dor que mais me apunhalava: minha presença não trazia conforto a meu filho.

Quanto mais tentávamos perguntar e entender, mais nossas perguntas eram descartadas como se fossem bobagens de pais, ou então respondidas com explicações vagas como: "ele é prematuro e leva tempo para alcançar o desenvolvimento normal". Minha preocupação logo se transformou em frustração, pois não podia ajudar meu filho. Minha frustração foi se transformando em raiva. Eu sabia que meus sentimentos estavam me puxando para as profundezas dos meus piores pensamentos. Incapaz de controlar a turbulência das minhas reações, tornei-me uma máquina feia e barulhenta. Minha dor de não poder ajudar meu filho, e de não ser escutada mesmo pedindo ajuda repetidas vezes, estava me tornando uma mãe ofensiva em potencial. Cada dia, ao levantar-me, orava por orientação e forças. Muitas vezes me escondia no quarto para não fazer nada que pudesse magoar meu filho. Eu estava caindo em um abismo de escuridão. Quanto mais eu freqüentava aulas de orientação de pais, mais eu me achava inadequada, porque nada funcionava. Comecei a perder amigos e, o pior de tudo, eu me odiava. Como é que eu poderia me sentir uma mulher de valor e uma "péssima mãe" ao mesmo tempo? Apesar do meu marido ter sido muito compreensivo, ele não era capaz de responder minhas perguntas por não ter as respostas.

Todd já tinha 18 meses e ainda não andava; ele nem mesmo se sentava direito. Um dos especialistas a quem levamos para engessá-lo, disse que se fizéssemos isso ele ficaria bem, porque seus músculos da perna estavam só torcidos. Internamente, eu sabia que o problema era alguma outra coisa, mas não sabia o que era. Quando levantei a questão, meus sentimentos foram desconsiderados novamente. Afinal de contas, quem era eu para questionar o chefe da ortopedia de um dos mais renomados hospitais universitários de Los Angeles? Quando o gesso foi retirado e Todd, ainda assim, não estava andando, eu fui à beira da loucura. Foi então que me indicaram o Dr. Arnold Zukow[10], "Doutor Camarada" como ele era conhecido por todos os seus pacientes. Foi sua disposição solidária de ouvir e uma indicação subseqüente que nos levou a descobrir que nosso filho não podia andar, não porque ele tinha um músculo torcido – mas porque ele tinha paralisia cerebral.

Nos anos seguintes, ficamos envolvidos com fisioterapia e terapia ocupacional intensivas para ajudar nosso filho. Porém, nos anos 60, havia pouco, se algum, reconhecimento dos sentimentos que os pais experimentavam quando descobriam que seu filho era deficiente. Tudo a que fomos expostos eram programas de televisão que retratavam a "família compreensiva ideal". Eu não tinha nenhum lugar para ir com meus sentimentos reais de raiva, medo e dor. Meu desespero estava ficando maior. Eu continuava pedindo ajuda, mas as respostas que recebia da comunidade profissional eram para fazer mais cursos de orientação de pais... cursos que não abordavam os sentimentos de impotência e perda que eu estava experimentando diariamente.

Lembro-me de pensar, "O que fiz de errado?" Achava que havia feito tudo direito na minha gravidez – consultando um bom médico, tomando vitaminas, comendo bem, não fumando ou bebendo. Como Ken, eu estava viajando na estrada da vida tentando fazer o meu trabalho da melhor maneira possível. E como Ken, o que eu não sabia era que minha mina terrestre estava logo adiante... pronta para explodir.

Meu longo processo de cura me arrastou para as profundezas da dor e do sentimento de fracasso. Como Ken, eu também me tornei verbalmente agressiva com as pessoas queridas ao meu redor, enquanto os meus sentimentos de desespero se aprofundavam. E então, em 1971, mais pedras foram colocadas no meu vaso. Perdi gêmeos no sétimo mês de gravidez. O primeiro dos dois bebês nasceu vivo e morreu durante a noite. O segundo bebê, que nasceu morto, foi embrulhado em um papel de alumínio na minha frente e levado como se fosse um pedaço rejeitado de carne. Nunca cheguei a segurar ou ver nenhum deles.

Minha ferida, minha dor e minha raiva continuavam a alcançar picos de intensidade. Eu estava literalmente com medo dos meus próprios sentimentos. Meu marido ficou ao meu lado, dando-me apoio e amor durante este sofrimento. Porém, meus gritos de socorro passaram literalmente desapercebidos pelos profissionais a quem eu consultava... até que um dia uma astuta diretora de uma escola maternal me chamou e compartilhou comigo suas preocupações. Lembro-me de estar sentada em seu escritório e sentindo que, pela primeira vez, alguém, além de meu marido, estava escutando "meus gritos silenciosos". Ela me recomendou um novo programa de psicoterapia pré-escolar, o *Julia Ann Singer Preschool Psychiatric Center*, cujo enfoque era a terapia familiar. No começo dos anos 70, esta forma de terapia era relativamente nova. Naquela época, era parte do *Hospital Cedars/Sinai, Thallians Mental Health Center*, em Los Angeles.

Eu estava grávida novamente e, por causa dos riscos de perder este bebê também, tive que me submeter a uma pequena cirurgia e ficar de cama desde a décima sexta semana da minha gravidez. A ajuda do programa teve que ser adiada por mais alguns meses. Com amor e preces nosso segundo filho, Casey, nasceu sadio em 1972. Depois de algumas semanas de recuperação, estávamos prontos para começar a terapia.

Desde o primeiro dia em que entrei para o programa, senti como se meus gritos estivessem finalmente sendo ouvidos. Talvez este tenha sido o começo da retirada das pedras de meu vaso. A terapia consistia em trabalhar com terapeutas em uma sala de aula, freqüentar grupos de pais e fazer terapia de família durante cinco dias na semana por seis meses intensivos. Comecei a aprender que outros pais se sentiam tão frustrados e com tanto sofrimento como eu... eles também necessitavam de atenção e apoio, tanto quanto seus filhos especiais.

Com Ken, minha vida mudou radicalmente de direção. Pediram-me para ser voluntária no centro para trabalhar com outros pais que chegavam ao programa. Esta oportunidade me levou a trabalhar diretamente com os pais nas sessões semanais e, finalmente, ser convidada a participar de treinamentos intensivos que eram oferecidos aos alunos que estavam fazendo mestrado ou doutorado.

Até então, eu só possuía diploma de conclusão do ensino médio. Freqüentar uma universidade era a última coisa que passava pela minha cabeça – eu não me considerava inteligente o suficiente. (De fato, quando estava cursando o ensino médio, eu tinha notas abaixo da media). Mas logo meu interesse de ajudar os pais se tornou uma paixão que era muito mais poderosa do que meus receios com os estudos. Eu devorava toda informação que encontrava sobre o trabalho com pais que tiveram filhos com deficiências físicas variadas, ou "desafios de vida", como são chamados hoje. Todo o material que encontrei enfatizava e se enfocava no quão especiais são essas crianças, mas a realidade igualmente crucial dos pais, com toda a gama de sentimentos que experimentavam, era dramaticamente simplificada ou posta inteiramente de lado.

Lembro-me de sentar em uma sessão de treinamento e tentar ajudar os estudantes a compreender a frustração que os pais de nosso programa estavam sentindo. Freqüentemente, eu usava a seguinte analogia: imaginem que seu filho tenha febre de 40 graus. O que você faz? Chama o médico e pede ajuda? Dá Tylenol ou Aspirina e um banho de água morna para baixar a febre? Suponhamos, por um momento, que você faça todas estas coisas e, ainda assim, a febre não abaixe. Pelo contrário, a febre *sobe*. Você se preocupa e telefona novamente. O médico diz para você esperar ou levar seu filho até ele. E então você espera e espera... e, enfim, depois de uma longa noite de espera, a febre finalmente cede. Como você se sente? Aliviada... agradecida. Mas suponhamos que, não importa o que você faça, a febre de seu filho nunca ceda... permaneça a mesma ou aumente. Você sente que não importa o que faça, nunca vai conseguir que seu filho melhore. Expliquei que isto era o que os pais de filhos com necessidades especiais passavam e sentiam *diariamente*. Muitos dos participantes do grupo de treinamento começaram a se identificar com estes sentimentos de impotência, frustração e perda e, então, começaram a compartilhar suas experiências pessoais com o grupo. Seus sentimentos de empatia expandiram de seus trabalhos com as crianças para os seus trabalhos com os pais.

Embora seja verdade que cada criança traz a sua característica única e especial para este mundo e é amada sendo quem ela é, não sei de nenhuma mãe ou pai que queira que seu filho ou filha venha ao mundo em uma forma diferente da normal. Todos nós contamos seus dedinhos dos pés e das mãos e esperamos escutar que nosso filho ou filha é normal. Escrevemos todos os seus marcos em um livro do bebê... recordando todas as suas primeiras vezes... primeiro sorriso... primeiras palavras... primeiro passo, e assim por diante. Eu não era diferente. Queria que meu bebê fosse sadio e perfeito. Não me alegrava nada, em vez disso, anotar as datas das cirurgias, gessos, aparelhos ortopédicos e problemas educacionais..

À medida que me expressava mais verbalmente a respeito de minhas batalhas pessoais, mais e mais pais nos grupos para os quais eu falava começavam a abrir os compartimentos secretos da dor que eles carregavam dentro de seus corações por receio de rejeição e por vergonha. Diziam como forjavam o sorriso de "tudo está perfeito" e, muitas vezes, eles se desligavam do mundo completamente para acabar com a dor. Porém, nem sempre eu era aceita por expressar meus sentimentos verbalmente. Também fui objeto de críticas daqueles que queriam perpetuar uma imagem perfeita de pais heróicos, superando todos os obstáculos para os seus filhos, ou talvez eles simplesmente não se identificavam com meu tipo de experiência.

Lembro-me de estar sentada no escritório de um produtor, lançando uma idéia para um programa relacionado a crianças e adolescentes da rede *ABC*, que abordaria a parte da luta dos pais, na esperança de desenvolver uma história para ajudar aqueles que tivessem experimentado sentimentos semelhantes aos meus. Depois de falar de meus momentos mais negros, a pessoa responsável por desenvolver o programa, que estava também presente, deixou escapar, "Eu não entendo. Não entendo mesmo porque você se sentiu desta forma. Tenho um filho que tem problemas de leitura e eu não me sinto dessa maneira." Seu tom de negócios, áspero e insensível, mostrou-me que ela realmente *não* havia compreendido nada, mas, naquele momento específico, os velhos sentimentos desconsiderados que tinha experimentado tantas vezes atingiram-me como raios que precedem uma tempestade iminente. Agradeci a ambos pelo seu tempo e dei como encerrada a reunião.

Experiências como essas somente tornaram ainda mais clara a minha missão. Eu queria ajudar os outros pais que compartilhavam esses sentimentos de desespero da forma que me fosse possível. Com encorajamento, apoio e amor do meu marido, família, amigos, parentes e colegas, voltei para a universidade conseguindo a licença para praticar terapia de casais, família e crianças em 1978 e meu doutorado em psicologia clínica em 1982.

Meu filho querido está agora na faixa dos trinta anos. Ao longo dos anos, nosso relacionamento tem sobrevivido à ira de muitas tempestades que se parecem mais com furacões, emergindo a cada vez com força, visão e amor renovados. Acredito que um dos nossos maiores desafios na vida é continuar aprendendo como se faz para jogar fora nossas pedras que se amontoam dentro de nossos vasos internos de luz. Como fazemos isto? Não tenho muita certeza. Mas o que tenho certeza é que, cada vez que nossas vidas são agraciadas por pessoas especiais que compartilham abertamente suas histórias de desafios que viveram na vida, nós temos a oportunidade de reconectar com um sentimento de Luz... e talvez com um sentimento de esperança. Como o rabino Kushner nos diz quando fala sobre anjos, “E, então, entendemos que pessoas comuns são mensageiras do Altíssimo. Elas executam suas tarefas em sagrado anonimato. Muitas vezes, até mesmo sem que elas próprias saibam disso. No entanto, se não tivessem estado lá, se não tivessem dito o que disseram ou feito o que fizeram, a vida não haveria de ser como é agora." Obrigado Todd, por ter sido um desses anjos ocultos em minha vida.

DÉCIMO PRIMEIRO PASSO

O QUEBRA-CABEÇA DA SUA HISTÓRIA DE VIDA

"A arte das perguntas, a arte das histórias,
a arte das mãos – todas elas são a criação de algo,
e este algo é a Alma."

- Clarisse Pinkola Estes[11]

O maior legado que podemos deixar para nossos filhos são nossas histórias. Cada uma delas é uma peça de um grande quebra-cabeça chamado Vida. Em um poema falando exatamente sobre o tema, o rabino Laurence Kushner nos diz: "Cada período da vida é uma peça de um quebra-cabeça. Para alguns, há mais peças. Para outros, o quebra-cabeça é mais difícil de montar."

Quando minha mãe morreu, cheguei à conclusão de que eu não conhecia muitas das histórias que faziam parte da vida dela. Conhecia algumas delas, mas havia muitas peças faltando. Ela, provavelmente, pensava que suas histórias não eram muito interessantes. Mas o que aprendi como contadora de histórias é que as histórias nos ajudam a nos tornar integrados em um mundo fragmentado. Histórias não são nem boas nem ruins, elas simplesmente são o que são. Algumas contêm elementos de tragédia, enquanto outras contêm momentos de alegria. Como acontece com todos os quebra-cabeças, toda história é feita da soma de suas partes. Uma peça não é mais importante que a outra, já que todas elas têm que se encaixar para que a figura total seja revelada. E a figura total é quem somos no momento. À medida que crescemos, nosso quebra-cabeça cresce, se desenvolve e se expande.

Criar o *quebra-cabeça da sua história de vida* é um passo que possibilitará que você veja cada aspecto de sua vida como uma peça importante que dá forma e substância à sua história própria e única.

- Comece seu quebra-cabeça escrevendo quaisquer experiências pessoais que lhe sejam importantes. Essas experiências podem ser lembranças, conquistas, lutas, metas ou valores.
- Depois, pegue uma folha grande de papel em branco (pode ser uma cartolina) e canetinhas ou lápis de cera e comece a desenhar símbolos representando cada um destes aspectos... cada uma destas experiências. Os símbolos não precisam estar em uma

seqüência lógica. Por exemplo, você pode ter tido que passar por algum momento difícil, como uma cirurgia, ou vivido a perda de um ente querido. Você pode também ter em sua vida um filho, um companheiro, amigos ou fortes crenças espirituais que lhe tragam equilíbrio e alegria. Todos estes aspectos podem ser individualmente e simbolicamente desenhados. Você não precisa ser um artista. Respingos de cores, formas, figuras coladas e linhas são o suficiente. Os símbolos só têm que fazer sentido para você.

Por exemplo, quando eu era criança, por volta de meus sete anos, cantei e dancei no *Carnegie Hall*, em Nova Iorque. O símbolo representando esta experiência que me veio à cabeça foi um par de sapatilhas de balé. Enquanto olho para o desenho daquelas sapatilhas de cetim rosa, muitas lembranças afloram ao meu consciente, como as viagens de metrô que fiz com minha mãe do Bronx para Manhattan, todos os sábados, para ensaiar para a apresentação. Era nosso momento especial juntas, já que ela era uma mãe divorciada, numa época em que isso era incomum. Mamãe trabalhava durante toda a semana em uma fábrica de chapéus, de modo que nosso tempo juntas era muito especial para mim.

- Depois de desenhar os símbolos importantes no seu papel, desenhe contornos ao redor deles no formato de peças de quebra-cabeças. Em seguida, corte cada peça para que elas fiquem todas separadas. Observe como você se sente ao ver cada peça, lembrando-se de que cada uma delas é um aspecto de sua própria e única história.

- Finalmente, tome o tempo que for necessário para encaixar as peças de volta. Reserve alguns momentos para refletir e olhar para toda a figura. Observe o que você sente quando olha esta figura.

Este passo é uma experiência maravilhosa que você poderá compartilhar com sua família. Cada um dos membros pode fazer seu próprio quebra-cabeça da história de vida, independente da idade. Sinta-se à vontade para manter as peças juntas ou guardá-las em uma caixa, e de tempos em tempos, tire-as de lá e junte-as novamente. À medida que a vida apresentar novos desafios e experiências, você pode querer adicionar algo ao seu quebra-cabeça ou modificá-lo de alguma maneira que lhe seja significativa.

CAPÍTULO DOZE

RENOVANDO O ESTOQUE DE SUAS PRATELEIRAS

"A mente pode ir em mil direções.
Mas por este lindo caminho, eu ando em paz.
A cada passo, um vento calmo sopra.
A cada passo, uma flor desabrocha."

- Thich Nhat Hanh[12]

Enquanto relaxávamos na areia dourada de uma de nossas praias em Kauai, meu marido e eu estávamos revendo o estoque da loja de anjinhos que decidimos abrir alguns anos após o desastre do furacão Iniki. Enquanto falávamos sobre o que pedir e que pedidos iríamos repetir, inocentemente comentei que nossas prateleiras pareciam vazias e o quanto era importante manter as nossas prateleiras cheias: "As pessoas não se sentem bem entrando em uma loja quando as prateleiras estão vazias." De repente, compreendi algo a meu respeito... *minhas* prateleiras estavam vazias. E Vazias com V maiúsculo. Desde o furacão, estava trabalhando sem parar com as crianças e as famílias no processo de cura e recuperação. Estava tão ocupada tomando conta dos negócios, por assim dizer, que tinha pouco tempo para mim. Era época de gastar energia constantemente, sem nenhum tempo para fazer atividade física, comer direito, participar de workshops que me recarregavam, ou me dedicar à paixão da minha vida... falar e escrever.

Já que sou abençoada com muita energia, não vinha dando muita atenção às minhas necessidades interiores nessa época. Eu achava que seria capaz de resolver tudo sozinha e me manter funcionando, funcionando, funcionando, como o coelhinho da propaganda das pilhas *Duracell*. Eu respondia toda minha correspondência e telefonemas e tentava equilibrar o tempo entre demandas de *workshops*, clientes, marido, filhos, amigos e um curso de formação para psicoterapeutas. Estava sob este pesado cobertor de ilusão de que podia dar conta de tudo, mesmo que não estivesse dormindo bem, estivesse engordando e sentindo como se meu corpo fosse cair em pedaços por causa da pressão. Isso lhe soa familiar?

E foi só naquele instante em que estava sentada na praia dizendo as palavras: "nossa loja está parecendo vazia, precisamos renovar o estoque de nossas prateleiras", que compreendi que estava também falando de mim mesma. Não sabia se ria ou se chorava naquele momento de conscientização. Minhas prateleiras estavam realmente vazias. Uma vez que tomei consciência disso, comecei a pensar o que podia fazer para renovar o estoque de minhas prateleiras... a fonte interna do meu Ser. Comecei escrevendo uma lista das coisas que gosto de fazer: os "quero fazer", não os "tenho que fazer". Então circulei os que eram *mais viáveis* para eu fazer na próxima semana, e os escrevi em minha agenda de compromissos, exatamente como se eu tivesse um compromisso importante para participar. Claro que tinha. O compromisso *era comigo mesma.*

Já se passaram alguns anos desde aquele momento decisivo na praia, de tomada de consciência, e eu ainda estou colhendo os frutos da decisão de *renovar o estoque.* Talvez tenha sido uma inspiração dos anjos, sussurrando suas mensagens de autocuidado nas brisas tropicais de nosso oceano.

DÉCIMO SEGUNDO PASSO

COMO SE PREENCHER QUANDO VOCÊ ESTIVER SE SENTINDO VAZIO

"Se eu não for por mim, quem o será?
Se eu for só por mim, o que serei eu?
E se não for agora, quando?"

- Hillel[13]

Sinto que muitos de nós estamos no mesmo barco. As exigências da vida diária e as pressões para darmos conta do seu ritmo sugam o suplemento de vitamina da nossa alma... o tempo que nos é necessário para nutrir o nosso ser... e é este tempo de nutrição que permite que nossas prateleiras internas se mantenham cheias.

Sugestões para reabastecer ou renovar suas prateleiras

1 - Encontre um momento tranqüilo e faça uma lista de todas as atividades que você *faz para os outros.* Em seguida faça uma outra lista de todas as atividades que você *faz para você mesmo.* Finalmente, olhe para ambas as listas e veja se estão equilibradas. Se a lista do que você faz para os outros estiver muito maior do que a lista do que faz para você mesmo, veja o que pode eliminar. Sua vontade de abdicar de certas obrigações lhe permite criar espaço para novas idéias e para crescimento pessoal.

2 - Crie seu *quadro dos sonhos,* desenhando símbolos do que você quer fazer para si próprio, tanto na sua vida pessoal quanto profissional. Por exemplo, em sua vida pessoal, você poderá mudar o penteado ou começar um programa de ginástica e, em sua vida profissional, poderá aprender como usar o computador ou ir àquele curso tão desejado. Evidentemente, você não deve se limitar em nenhum sentido.

3 - Saia ao ar livre e apanhe uma pedra, uma folha ou uma flor. Segure-a em suas mãos, feche os olhos e, mentalmente, peça-lhe para ensinar-lhe alguma coisa que precisa aprender agora e que possa ajudá-lo a renovar o estoque de suas prateleiras. A natureza tem como transformar o espírito do "eu não consigo" para o espírito do "todas as coisas me são possíveis."

4 - Tire umas *pequenas férias mentais.* O seguinte exercício de meditação pode ajudar a se sentir renovado(a) e revigorado(a), a fim de que tenha energia e bem-estar para enfrentar as obrigações e aventuras do dia.

Pequenas Férias Mentais

Todos temos períodos em nossas vidas em que desejamos fugir por causa das obrigações diárias, pressões e estresse. A maioria de nós não está na posição de fazer as malas e sair para as tão desesperadamente desejadas férias. Mas você pode, *mentalmente*, ausentar-se e desfrutar de umas férias mentais curtas, onde possa regenerar o seu sentido interior de bem estar e energia pessoal. Não há malas para fazer, nenhum horário de avião para cumprir e, melhor de tudo, é *de graça*. Seu passaporte e sua passagem são suas habilidades inatas de viajar dentro de sua mente. Você é o agente de viagens, piloto, navegador e a pessoa que está viajando de férias. Então, sente-se e desfrute a viagem!

Primeiro, ache um lugar confortável para se sentar ou deitar. Solte as roupas apertadas. Se estiver em um escritório com outras pessoas ao seu redor, você pode simplesmente se acomodar, confortavelmente, em sua cadeira.

Agora, comece permitindo que seus olhos repousem em um objeto à sua frente. Mantendo os olhos abertos e fixos neste objeto, respire fundo e vagarosamente, inspirando pelo nariz e expirando pela boca, como se estivesse soprando suavemente uma pena.

Repita este padrão de respiração três vezes, inspirando pelo nariz, expirando pela boca. Observe quaisquer mudanças nas suas percepções ou sensações. Por exemplo, observe se o que você está fixando seu olhar está se tornando um pouco fora de foco... ou talvez você esteja sentindo uma sensação de formigamento, ou uma sensação de calor ou frio ... ou veja se há alguma outra mudança em seu estado de consciência. Estas mudanças estão possibilitando que você perceba que está alterando seu estado de consciência do *pensamento ocupado com o exterior* para o *ser em paz interior.* Você pode querer ter um bloco de anotações por perto e anotar sua percepção pessoal. Fazendo isto, você pode se tornar mais familiarizado com os sinais de mudanças em seu próprio corpo e mente.

Agora, repita o exercício de respiração, uma vez mais, focando seus olhos em um objeto especial, respirando vagarosa e profundamente, inspirando pelo nariz e expirando pela boca. A cada respiração, imagine que está inspirando imagens e pensamentos positivos e reconfortantes... talvez um lugar na natureza ou a presença de uma pessoa amada... e exalando as coisas das quais você quer se livrar... qualquer forma de estresse, preocupação ou medo.

Depois deste conjunto de três respirações, feche os olhos e deixe que sua mente vague por um lugar que você gosta. Talvez seja a praia, as montanhas, o deserto ou qualquer outro lugar que você já tenha estado ou que queira conhecer... um lugar que lhe traga conforto, felicidade, uma sensação de bem-estar. Agora, tire um momento para dar a este lugar um nome ou palavra código... uma palavra que lhe traga uma imagem ou sentimento positivo. (Por exemplo, um dos meus lugares de conforto está localizado nas montanhas Koke'e de Kauai. Dei a este lugar a palavra código *fresco*. Assim que falo esta palavra para mim mesma, a imagem daquele lugar na montanha me vem à mente e, quase que imediatamente, eu sinto o conforto de estar lá.)

Continuando a respirar tranqüila e confortavelmente, desfrute de explorar este lugar por alguns longos e deslumbrantes momentos... Use o tempo que for necessário para observar as coisas ao seu redor que você gosta de olhar... notando cores, formatos... os sons que lhe dão prazer... as fragrâncias e sabores que lhe agradam mais. Você pode até perceber alguma coisa especial que você queira alcançar e tocar... talvez seja uma pedra, uma concha, uma flor ou uma outra coisa que lhe faça lembrar dessas férias especiais... muito semelhante a uma lembrança de viagem ou fotografia que você guarda com carinho.

Pegue esta lembrança de viagem e guarde-a em algum lugar dentro de si mesmo, talvez um lugar dentro de seu corpo que precisa relaxar ou receber uma mensagem especial de conforto... Desfrute a exploração deste lugar por mais alguns instantes, e então respire fundo uma ou duas vezes, abra os olhos vagarosamente e retorne para a consciência completa e confortável. Saiba que, quando quiser se lembrar dos sentimentos de conforto e relaxamento que experimentou nesta pequena viagem mental, tudo o que precisa fazer é respirar fundo e devagar, e repetir o nome que você deu a este lugar de férias; é sua estação de veraneio única, com recursos ilimitados para expansão e descoberta.

Lembre-se de **RENOVAR** O ESTOQUE DE SUAS PRATELEIRAS e preencher a si mesmo quando estiver se sentindo vazio. Fazendo isto, você pode

Realizar os seus objetivos

Encantar-se com um aspecto da natureza a cada dia

Navegar em novas aventuras

Originar beleza ao seu redor

Valorizar sua unicidade como um tesouro

Abrir o seu coração para o amor

Reacender os seus sonhos

PARTE QUATRO

RITUAIS E CERIMÔNIAS PARA LEMBRAR O QUE MERECE SER APRECIADO E CULTIVADO

"Quanto mais materialista a ciência se torna,
mais anjos eu pinto; suas asas são o meu protesto
em favor da imortalidade do espírito..."

- E.C. Burne-Jones para Oscar Wilde (1880)[1]

Nesta parte do livro, trato de doenças, da morte e do morrer – assuntos que a maioria de nós prefere evitar. Normalmente, não relacionamos doença ou morte à reconexão com a magia da vida. No entanto, as histórias que conto iluminam um caminho que nos conduz da dolorosa realidade que envolve a doença e a morte até aquelas dimensões da vida onde há humor, determinação e coragem.

Os passos sugeridos nesta parte mostrarão como resgatar o sentido de alegria em sua vida, como transformar os acontecimentos do dia-a-dia – como, por exemplo, o nascer e o pôr-do-sol, tomar um copo de água ou tomar um banho de banheira ou de chuveiro – em rituais ou cerimônias de homenagem à vida e desapego às preocupações. Além disso, apresento sugestões de como criar rituais e cerimônias para cura e para celebração de numerosos aspectos de sua jornada pessoal na vida.

Apresento cada história e passo como um tributo aos anjos humanos que partiram desse mundo, deixando-nos com a coragem de sentir a dor da perda, com o dom da lembrança, e com a qualidade mágica de apreciar a vida e nutrir a alma.

CAPÍTULO TREZE

ANJOS EM VÔO

"O que é importante? A resposta é Amor."

- Gershon Adolphus Tucker III[2]

Quando comecei a escrever esta história, pensei que seria sobre o jovem Gershon que, em suas últimas semanas de vida na batalha contra a AIDS, pediu o impossível à sua irmã mais velha, Charlee – levá-lo a *Disney World*. No entanto, enquanto eu ouvia Charlee descrever suas experiências dolorosas e, às vezes, cômicas, com Gershon, ficava cada vez mais convencida de que esta história não seria sobre

Gershon e aquela viagem de satisfação de desejo, mas sim sobre a importância do propósito de sua vida... desfrutar a vida. O que quer dizer desfrutar a vida? Uma história que meu grande amigo e colega, Dr. Richard Crowley*, me contou, talvez explique melhor o significado.

Quando Richard estava em Bali num período de licença-prêmio, chegou a uma cidadezinha onde estava acontecendo um encontro. O encontro era coordenado por um mestre Zen budista. Parece que, no dia anterior, as pessoas haviam pedido a ele para contar-lhes seu segredo para encontrar felicidade todos os dias. O monge sugeriu que voltassem no dia seguinte que ele compartilharia o que sabia. Richard se juntou ao grupo, esperando aprender o segredo.

Assim sendo, o mestre se sentou em uma plataforma um pouco mais elevada. Ele trazia uma sacola marrom clara de tamanho médio ao seu lado. O grupo esperava em silêncio, curioso, quando o mestre abriu a sacola e tirou de dentro uma banana preta e podre. Levantou então a banana por longos minutos para que pudesse ser vista por todos e disse, "O Passado". Depois de colocar a banana podre de lado, colocou a mão dentro da sacola novamente e tirou uma outra, firme e verde. Levantando a banana para o grupo, falou, "O Futuro". Novamente colocou a banana em uma

---

*Nota do editor: Richard J. Crowley e Joyce C. Mills são co-autores do premiado *Therapeutic Metaphors for Children and the Child Within* (Brunner Mazel, 1986), ainda não publicado no Brasil.

pequena mesa ao seu lado. Finalmente, pegando a sacola mais uma vez, o monge retirou uma banana firme, madura, amarela. Ele a descascou vagarosamente, e deu uma mordida em seu suculento recheio. Depois de saborear e engolir o pedaço que mordeu, olhou para o grupo e disse, "O Presente".

Quando ouvi essa história, não pude deixar de pensar em seu ensinamento simples e poderoso. A maioria de nós perde muito tempo contemplando os erros ou as oportunidades perdidas do passado, ou se preocupando com o que irá acontecer, e nos esquecemos do momento presente. Nós nos esquecemos de que o presente é *tudo o que realmente temos*. Esquecemos como comer a banana madura. Temos que nos lembrar de nos nutrir dos frutos do hoje.

Enquanto escutava Charlee descrever suas experiências com Gershon, eu sabia que ele era uma pessoa que realmente comeu a banana madura. Ele amava a vida e abraçava seus desafios diários com um senso de alegria e determinação. Mesmo em seus momentos de maior fraqueza e dificuldade na terra, seu desejo era de desfrutar. Tendo estudado e se graduado pela Academia de Música e Artes Dramáticas de Londres, o grande amor de Gershon era Shakespeare. Charlee contou-me que, alguns meses antes de morrer, ele contemplou no famoso solilóquio de Hamlet, "Ser ou Não Ser", comparando-o com a gravidade de seu estado de saúde. Ele seguia ponderando sobre o tema em termos de "deveria estar vivendo, ou não estar vivendo?" Finalmente, Gershon decidiu-se. Enquanto ainda estivesse vivo, viveria a vida plenamente.

Gershon falava sobre a doença em seu corpo como algo que ele aceitava, mas não iria impedi-lo de continuar *vivendo* as alegrias da vida. Uma dessas alegrias era a paixão que tinha pela *Disney World* desde garotinho. Era especialmente apaixonado por montanhas-russas. Em dezembro, apenas alguns meses antes de morrer, Gershon decidiu que queria visitar a *Disney World* e andar na montanha russa mais uma vez. Os médicos e a equipe do hospital começaram a organizar-se para esse fim. A princípio, Charlee não acreditou que os médicos iriam *realmente* atender ao pedido do irmão, e achou que os médicos estavam fazendo isso para ajudar seus pais a aceitarem a morte do filho. Charlee chegou até a tomar um avião, atravessando o país para tentar dissuadir os médicos. Ficava pensando consigo mesma, "Isto é loucura. Gershon está tão frágil... Como poderá fazer uma viagem dessas?" Contudo, quando minha querida amiga estava voando a 30.000 pés de altura, alguma coisa que ela descreve como inexplicável mudou sua forma de pensar. Talvez tenha sido o sussurro dos anjos, como um chamado de alerta. Charlee compreendeu que, sem dúvida, seu irmão iria... e mais que isso, ela iria com ele. A princípio, Gershon informou que iria com seu amigo Artie. Quando Charlee ouviu isso, foi a deixa para agir. "Era meu irmão... e se ele morresse na viagem e nenhum membro da família estivesse por perto para estar com ele?"

A preparação para a viagem foi tremenda. Charlee e Artie passaram por dois dias inteiros de intenso treinamento para emergências, onde aprenderam a ministrar infusões e medicamentos, além dos cuidados com as necessidades pessoais dele. Gershon recebeu transfusões que continham esteróides para que ficasse forte o suficiente para sobreviver à viagem. Apesar dos médicos e a equipe do hospital estarem animados com a viagem, Charlee ficava cada vez com mais medo. Ela se lembra que, quando Gershon estava sendo levado para o avião em uma maca, ela pôs toda sua fé em Deus e ficou rezando, "Amado Deus, por favor, não deixe que ele morra no avião. Por favor, deixe-me ser capaz de saber lidar com isto. Por favor, me ajude." Charlee tinha certeza de que Deus tinha ouvido suas preces e mandou anjos para os acompanharem em cada milha da viagem. Finalmente, depois do que pareceram horas intermináveis no vôo, eles literalmente aterrissaram a salvo "em uma asa e uma prece".

Há vários momentos da viagem de que Charlee se recorda. Um em particular se destaca. Naquele dia pela manhã, as mudanças de humor de Gershon começaram a aumentar. Ele gritou enfurecidamente com Artie a tal ponto, que este os deixou por um momento e saiu sozinho. Nesse mesmo dia, Gershon estava decidido a dar um passeio no *Runaway Train*. Existem muitos avisos de cuidados para os passageiros desse passeio, com várias contra-indicações. Charlee ficou apavorada. Apesar dela saber que este era um dos seus últimos desejos, ela também sabia que seu irmão estava cada dia mais fraco. No último minuto, a pessoa no portão disse que ele simplesmente não podia ir. Gershon implorou e disse que conseguiria. Com seus braços magros, tentou desesperadamente ficar de pé para provar que conseguiria, mas estava muito fraco. Ele não podia ir. Para ambos, Charlee e Gershon, este foi um momento doloroso de confronto com a realidade, frente a frente com a debilidade física dele. Charlee lembra-se bem de suas lágrimas descendo enquanto empurrava a cadeira de rodas de Gershon pelo parque lotado.

Depois de pouco tempo, chegaram ao Piratas do Caribe, um brinquedo que não exigia nada além de sentar e assistir às cenas engraçadas. Ambos decidiram que aquele era um brinquedo no qual eles poderiam ir sem a ameaça do perigo. Como se revelou, esta foi uma das mais difíceis, mas uma das mais importantes experiências que compartilhou com seu irmão, já que lá, no escuro, ela podia deixar suas lágrimas caírem livremente. Sentia-se grata pela proximidade que dividia com seu irmão, mas triste por ele não poder fazer o que veio para fazer – passear no *Runaway Train*.

Acho impressionante como ambas as experiências proporcionaram uma metáfora para a condição deles. A luta de Gershon contra a AIDS era como o *Runaway Train*, uma doença que, incontrolavelmente, maltratava seu corpo. Por outro lado, o Piratas do Caribe é uma aventura onde se entra na escuridão, mas que resulta em uma saída para a luz. Depois do Piratas do Caribe, Charlee e Gershon se abraçaram e, nitidamente, se sentiram melhor sobre o que aconteceu e sobre a relação entre os dois. Mais tarde, Artie se encontrou com eles e também se sentiu melhor sobre a discussão da manhã. No fim do dia, Gershon chegou a conclusão que já tinha feito o bastante e estava pronto para voltar para casa. Algumas semanas mais tarde, em 21 de abril de 1993, Gershon Adolphus Tucker III morreu, na casa de seus pais.

No domingo de Páscoa antes da morte do irmão, Charlee se lembra de um momento mágico que está para sempre gravado em seu coração. Enquanto conversava com ele, reconheceu seu verdadeiro Espírito. Havia claramente "dois seres, um corpo e uma alma, duas energias dançando nos olhos dele." Ela soube, naquele momento, que estava pronta para deixá-lo partir. Ela até disse a ele que "estamos todos prontos agora, a qualquer momento que você esteja pronto para ir, você pode ir. Ficaremos bem." Mas Gershon nunca perdeu seu senso de humor, mesmo no fim. Sua resposta para ela foi: "ainda não vou a lugar algum."

Quando penso sobre isso, vejo que há muitos tipos de anjos. Há anjos no céu, vivendo com Deus e fazendo aquelas coisas que só podem ser feitas lá de cima, e há anjos que vivem aqui na terra, ajudando-nos a cumprir nossas tarefas mais difíceis e nos ajudando a resgatar a magia da vida.

Charlee é um desses anjos da terra. Tenho certeza de que Gershon sabia disso quando ele pediu a ela que o levasse à *Disney World*. Um anjo sempre reconhece o outro.

Um amigo querido de Charlee e Gershon, Matt Nolen, esculpiu e envernizou pequenas canecas gravadas com os dizeres "Não Adie a Alegria", e as deu como lembrança no funeral de Gershon. Será que Gershon encontrou uma *Internet Angelical* e passou esta mensagem para cada um de nós, que ainda vivemos na terra, através daquele presente? Charlee me deu uma dessas preciosas canecas, que está em uma estante sobre a minha mesa, ao lado do retrato dela. Algumas vezes, quando a vida parece pesada demais para mim e eu sinto que tenho que cumprir, cumprir, cumprir e executar, executar, executar... – quando me sinto amarrada pelas preocupações sobre o futuro ou me prendo às lembranças do passado – olho para cima e vejo as palavras "Não Adie a Alegria", e me lembro do que é *realmente* importante.

DÉCIMO TERCEIRO PASSO

MINHA CANECA DE ALEGRIA

"Vá para seus campos e seus jardins,
e você aprenderá que o prazer da abelha é pegar o mel da flor.
Mas que também é o prazerda flor dar seu mel à abelha."

- Kahlil Gibran[3]

Todos os dias de manhã, eu me dirijo lentamente até a cozinha e faço minha caneca de café para acordar. Hummm... o cheiro do café fresco enche o ar enquanto eu assisto, um pouco impaciente, o líquido rico e escuro começar a pingar do filtro para a jarra de vidro. Aí eu encho aquela primeira caneca e tomo um golinho devagar, apreciando aquele sabor rico, enquanto ele desce. Para mim, é uma caneca de pura alegria de despertar. Pensando nisto, não seria bom começar e terminar cada dia com um golinho de uma caneca cheia de alegria? Talvez isto nos levasse a um outro tipo de sentimento de despertar.

Quantas vezes passamos pelo dia sem nem pensar sobre os presentes que podemos ter recebido naquele dia... presentes que enchem nossa caneca interna de alegria? Talvez tenha sido um sorriso do caixa do supermercado ou um abraço de seu filho, ou mesmo um bilhete gentil de um colega de trabalho dizendo que você fez um bom trabalho num projeto, ou quem sabe até tenha recebido um telefonema de um amigo ou parente de quem não tinha notícia há muito tempo. Na maioria das vezes, esses presentes simples passam desapercebidos e continuamos a manter nosso foco sobre aquilo que não vai bem.

Este décimo terceiro passo foi planejado com a finalidade de lembrá-lo de pegar sua *caneca de alegria* todos os dias, e decidir o que há dentro dela ou com o que você vai querer enchê-la. Encontre um lugar sossegado, respire fundo e se faça as seguintes perguntas. As respostas podem vir até você na forma de pensamentos ou imagens. Escreva o que vier, no espaço abaixo. Use papel extra, se for necessário.

- O que me dá alegria na vida?
- Com quem me sinto alegre, completa, completo, respeitada, respeitado?
- O que eu gostaria de estar fazendo na minha vida e não estou? Em outras palavras, qual alegria estou adiando?
- Depois, olhe para as respostas a estas perguntas, e pergunte a si mesmo:
- O que estou querendo fazer que trará alegria para minha vida *hoje?*
- O próximo passo é simples... apenas faça!

CAPÍTULO QUATORZE

SUSANA

"Bem que se diz que música é a fala dos anjos."

- Thomas Carlyle[4]

Todas as vezes que escuto a música "You are my sunshine, my only sunshine..."[*] não consigo deixar de pensar em minha querida amiga Susana, que morreu há uns dez anos. Lá estávamos nós, andando pela Avenida Camelback em

[*] "Você é meu raio de sol, meu único raio de sol..."

Phoenix a caminho de uma festa celebrando o *Mardi Gras**, produzidas, com maquiagem e brilho nos olhos, lábios pintados de vermelho, e com roupas coloridas e brilhantes. Ninguém poderia imaginar que Susana tinha apenas mais alguns meses de vida. Enquanto cantávamos, "You make me happy when skies are gray..."**, eu tentava afastar meus pensamentos do inevitável. Não queria nem pensar que poderia perder minha amiga tão em breve, esta pessoa a quem aprendi a ver como minha irmã. Mas, outra vez, estou começando a história quase pelo seu fim, então é melhor eu começar do começo...

Conheci Susana num retiro sobre as abordagens nativo-americanas de cura, em 1987. Desde o momento em que nos conhecemos, compartilhamos um sentimento especial de familiaridade. Susana tinha uma estatura pequena, com cerca de um metro e meio de altura. Era cheia de energia e com um sotaque espanhol que parecia música para meus ouvidos. Seus olhos eram grandes e pretos como carvão, brilhantes e atentos.

Enchemos sua *van* com as coisas de acampar e lá fomos nós para uma aventura de final de semana... e que aventura! Era minha primeira experiência com o povo nativo-

**Mardi Gras*: termo em francês para Terca-feira Gorda, antes da Quarta-feira de Cinzas, é semelhante ao nosso antigo carnaval de rua.

** "Você me faz feliz quando o céu está cinza..."

americano e não sabia o que esperar. Tudo que eu sabia era que queria ir.

Durante uma das cerimônias denominada "círculo de conversa", Susana revelou que tinha sido diagnosticada com câncer do cólon e estava decidindo se seria submetida ou não à cirurgia. Foi a primeira vez que a ouvi falar de sua doença. Eu me lembro de ter olhado para ela sem acreditar. Seu enorme gosto pela vida e seu espírito brilhante e positivo não deixavam lugar para dúvidas em minha mente. Pensei comigo mesma, "Esta senhora vai ficar absolutamente bem".

Depois do círculo de conversa, fomos buscar lenha para uma fogueira. Ainda me lembro bem de Susana pegando um machado pesado, levantando-o sobre sua cabeça e batendo sobre uma tora grande várias vezes, dizendo: "Isto é meu câncer... isto é meu câncer." Corri e peguei a câmera para capturar este momento Kodak em uma foto. Ambas rimos, e conversamos o tempo todo em que estivemos juntas. No final do retiro, nossa ligação era clara: nós éramos irmãs.

Durante os meses seguintes, Susana decidiu não fazer a cirurgia, mas, ao invés disso, abraçar o caminho de curas alternativas. Apesar dela saber da possível conseqüência, acreditava que tinha a habilidade de curar-se e que havia um propósito em sua doença.

Mês após mês, a dor aumentava, mas ela ainda não queria passar por nenhuma cirurgia, até que teve que se submeter a uma colostomia de emergência por causa de uma obstrução no intestino. Durante a cirurgia, os médicos descobriram que o câncer tinha atingido o fígado.

Era meio-dia de uma sexta-feira, quando uma amiga especial, Cristina Whitehawk, foi me buscar no aeroporto Sky Harbor em Phoenix, no Arizona. Ela foi um dos muitos anjos terrenos que cuidou de Susana e de seus quatro filhos desde a cirurgia, cinco semanas antes. Quando entrei no apartamento de Susana levei um susto. Ela estava pesando apenas uns frágeis trinta e quatro quilos, afundada em uma poltrona reclinável grande, ao lado da janela de vidro de sua sala de estar. Seu rosto estava pálido, sua voz era fraca, e olheiras escuras contornavam seus olhos que antes foram brilhantes.

Meu coração estremeceu enquanto corri para o seu lado. Quase imediatamente Susana começou a chorar, dizendo como se sentia enjoada, quanta dor sentia, e como ela não queria continuar vivendo daquele jeito. Ajoelhei-me ao lado da poltrona, perguntei se ela gostaria de continuar vivendo se o enjôo e a dor parassem. Susana respondeu com um firme SIM! "Está bem então", respondi. "Você me acompanharia se eu lhe ensinasse uma pequena técnica de auto-hipnose?" Ela apertou minha mão e mais uma vez disse "Sim". Continuei segurando sua mão e disse: "Bom, então comece firmando seu olhar ali, e respire bem devagar e profundamente, inspirando por suas narinas e expirando por sua boca... e depois de três respirações lentas, feche seus olhos e se deixe levar até um lugar especial que você gostaria de visitar..." Pedi a Susana para me dar um sinal levantando um dedo, para eu saber quando chegasse a esse lugar especial. Em poucos minutos, as linhas de tensão na testa de Susana e em volta de sua boca suavizaram, e sua respiração passou de rápida e superficial para um ritmo mais calmo e profundo. Esperei até que o dedo mínimo de sua mão esquerda se levantasse. Enquanto ela estava em um transe leve, conversei com Susana sobre as endorfinas e como o corpo sabe como nos dar conforto quando precisamos. Susana espontaneamente sussurrou, "Endorfinas são como golfinhos" e, com um sorriso discreto aparecendo em sua face, continuou, "Vou chamar meu golfinho de Onie... Onie será meu ajudante".

Como eu desejava me basear naquilo que estava presente em sua mente, continuei a introduzir sugestões de conforto com histórias de golfinhos, por aproximadamente vinte minutos, quando Susana abriu os olhos, olhou ao seu redor e disse com um tom de surpresa na voz, "Meu enjôo... se foi... se foi pela primeira vez em cinco semanas desde minha cirurgia." Todos sorrimos reconhecendo a sua conquista. Cristina então pendurou na parede um quadro grande feito a mão que dizia:

À medida que uma mulher deseja, ela aspira.

À medida que ela aspira, ela se torna.

À medida que ela se torna, ela é.

Susana se acomodou na cadeira e, para nossa surpresa, exclamou, “Vamos às compras, Joyce. Quero que você prepare um jantar de Shabbat para nós (Shabbat é o momento sagrado da semana na tradição judaica em homenagem ao sétimo dia da criação, em que Deus descansou) com caldo de frango, bolinhas de matzá, frango assado e batatas, o jantar completo!” Era a primeira vez, em cinco semanas, desde sua drástica cirurgia que Susana teve energia para ir a algum lugar, ainda mais às compras. Apesar de ainda estar visivelmente fraca, uma força começou a florescer dentro dela. Como queríamos apoiar seu desabrochar, Cristina e eu dissemos, “Bem, o que você está esperando; vamos nos arrumar”. Depois de se enfiar dentro de um vestido estampado muito largo, Susana queria até se maquiar.

Quando voltamos da loja com vários pacotes, começamos a cozinhar. O aroma dos ensopados enchia o apartamento, e os filhos de Susana foram chegando um a um. Também era aniversário de um dos filhos dela, e seu querido amigo e companheiro, David, ligou para nos dizer que compraria um bolo no seu caminho do trabalho para casa.

David era um homem muito especial, que ajudava Susana de todas as maneiras possíveis, incluindo a de ser um pai substituto para as crianças. David dormia em um divã na sala de estar, acordava para trocar as medicações intravenosas de Susana, e cuidava das necessidades dela a cada noite. Acordava cedo pela manhã para ajudar as crianças a se arrumarem para a escola, e depois ia para o trabalho. Ele não era nem seu marido nem seu amante, como entendemos estes termos normalmente; ele era um amigo, cujo coração ampliou esta palavra para muito mais além do seu significado comum.

A mesa estava posta e todos estávamos sentados. Pedi a Susana para acender as velas do Shabbat e então eu ensinei a ela e às crianças uma oração em hebraico: "Ba-ruch, A-tah a-do-nai eh-lo-hey-nu me-lech ha-o-lam asher kid-sha-nu b'mitz-vo-tav v'tzi-va-nu I'had-leek nair shel Shabbat. Amém." ("Nós agradecemos ao Senhor, Deus, guia do mundo, que nos ajuda a nos sentirmos abençoados quando acendemos as velas do Shabbat. Amém".) Então fizemos orações para o vinho e para o pão. Estávamos comovidos e gratos por estarmos juntos... especialmente porque, provavelmente, aquele seria o último aniversário que Susana passaria com seu filho.

Susana comeu um prato inteiro de caldo de frango com bolinhas de matzá, assim como talharim, fígado de galinha, pão, e duas taças de vinho *kosher*. Estava se sentindo muito melhor. Todos estávamos felizes enquanto seu filho abria os presentes e fazia piadas, como somente alguém de quatorze anos sabe fazer.

Mais tarde naquela noite, a enfermeira de Susana veio e pendurou a infusão intravenosa dela. Com compaixão e gentileza, a enfermeira me mostrou todas as coisas complicadas as quais era preciso vigiar no monitor, e como colocar e retirar a infusão em cada troca. Enquanto minha mente consciente estava completamente atenta a cada detalhe, eu podia sentir uma sensação de torpor dentro de mim enquanto tentava aprender o procedimento. Escrevi cada passo das instruções, para que, no meio da noite, eu as tivesse como um guia. Eu realmente não confiava na minha memória.

A enfermeira saiu e David decidiu ficar como apoio, caso eu tivesse qualquer dificuldade. Era minha primeira noite com Susana e eu estava com medo. Pensei comigo mesma, "Eu não sou enfermeira ou médica. O que faria se algo saísse errado?" Quinze minutos depois que a enfermeira saiu, Susana chamou meu nome com uma voz fraca de quem está sentindo dor: "Joyce, sinto muito, mas preciso ir ao banheiro." Peguei minha lista com as instruções do que e como fazer e comecei a tirar a infusão intravenosa dela, coloquei outra agulha, e a ajudei a ir ao banheiro a apenas três metros de distância. Como Susana era uma pessoa recatada, fechou a porta e, alguns segundos depois, ouvi a água da banheira correndo. "Você está bem?" perguntei, enquanto esperava do lado de fora. Sua filha mais nova estava bem ao meu lado, chupando dois dedos. A água parou e Susana respondeu "Sim, acho que sim. O único jeito que consigo urinar é sentada na água morna da banheira. Eu solto grandes coágulos de sangue quando urino e isto ajuda a aliviar a dor." *Coágulos de sangue!* Foi a primeira vez que ouvi falar desta provação. Depois de longos minutos esperando, a voz de dor de Susana mudou para um tom de alívio. "Você pode entrar agora, já acabei", ela disse.

Quando abri a porta, não acreditei no que vi. Ali estava minha amiga sentada em uma banheira de sangue, que se esvaziava devagar... e parado entre suas pernas fracas e pálidas havia um coágulo do tamanho de uma mão fechada. Meu coração batia com medo enquanto eu me abaixava para ajudá-la a sair da banheira. Enquanto enrolava Susana com uma toalha, ela me disse que isso estava acontecendo desde que saíra do hospital. Os médicos que cuidavam dela disseram que era "normal" nesse estágio do câncer. Ao invés de discutir o absurdo deste tipo de resposta insensível, deixei as coisas como estavam pelo resto da noite e a ajudei a ir para a cama.

Essa rotina de colocar e retirar a infusão intravenosa, de levá-la ao banheiro e segurá-la, continuou durante toda a noite. De manhã, Susana me confessou que se sentia abandonada por seu médico. Ele havia dito a ela que não podia mais ajudá-la, e parou de ligar para saber como estava. À medida que Susana me confiava seus sentimentos, passou do choro para a raiva. Indaguei se ela tinha expressado aquela raiva para ele diretamente, e sugeri que talvez fosse uma boa hora para fazê-lo. Susana respondeu que ainda não tinha feito isso e, imediatamente, pediu o telefone. Sentei-me perto dela enquanto falava. De novo, quando ela contou ao medico sobre os coágulos, ele disse que não poderia ajudá-la porque ela estava no estágio final da doença. Com força em sua voz, Susana gritou de volta, "Eu ainda não estou morta! Eu quero um médico que trabalhe comigo enquanto eu *ainda estou viva... eu ainda estou vivendo.* Se quiser cuidar de mim tendo isto em mente, eu gostaria, mas se não quiser, por favor, me indique alguém que o faça." O rosto dela permanecia firme enquanto ele respondeu: "Nesse caso, eu indicarei um outro médico"

Eu não podia acreditar no que estava ouvindo. Susana desligou o telefone e disse, "Agora eu sei o que tenho que fazer... tenho que encontrar um médico diferente." A voz dela estava forte e determinada. Telefonamos para o Dr. Carl Hammerschlag, um amigo querido, psiquiatra e colega, que sabíamos que compartilhava uma visão de cura que envolvia cura do espírito tanto quanto a cura do corpo, e explicamos a crítica situação em detalhes. A essa altura Susana não iria desistir. Ela encontraria outro médico, não importasse o que acontecesse. Ao escutar a força em sua voz, Carl imediatamente acolheu o pedido e contatou o Dr. Howard Silverman[5], que concordou em se tornar o médico de Susana. Ela parecia ter renascido depois dessa mudança decisiva. Dando uma piscadela, ela disse, "Joyce, há uma folia aqui hoje à noite, o *Mardi Gras*. Vamos?" Eu não podia acreditar no que ouvia. Apenas oito horas antes, ela quase não podia se mover. Agora ela estava pronta para se lançar em uma *senhora* aventura!

Sua filha mais nova estava bem do nosso lado, enquanto pintávamos nossos rostos com todo tipo de desenho. Procuramos as roupas mais brilhantes e coloridas, bijuterias espalhafatosas e chapéus engraçados, e saímos, com cadeira de rodas e tudo. Quando chegamos ao parque, onde o *Mardi Gras* acontecia, os olhos de Susana brilharam. Ela queria comer tudo que havia, algodão doce e tudo mais. Jogamos jogos, como atirar argolas em latas de Pepsi, ouvimos a música que tocava nos autofalantes, nos divertimos com os animadores que faziam mágica, truques e torciam balões compridos formando elefantes, cachorros e coisas assim. Foi uma noite de risadas, alegria e vida.

No caminho de volta para casa, Susana pediu, "Vamos cantar minha canção favorita". Sem hesitar, as palavras saíram. "You are my sunshine, my only sunshine. You make me happy when skies are gray..." Cantamos e cantamos várias vezes durante todo o caminho até em casa. Foi a última vez que Susana e eu compartilhamos tanta magia nesta vida. Ela morreu alguns meses mais tarde. Mas não foi a última vez que compartilhamos magia.

DÉCIMO QUARTO PASSO

CERIMÔNIAS DA ÁGUA PARA HOMENAGEAR A VIDA

"Um monge perguntou certa vez a seu mestre,
'Sem preocupar com o que vamos encontrar, qual é o Caminho?'
O mestre respondeu, 'O Caminho é sua vida diária.' "

- Soshitsu Sen XV[6]

Todos nós associamos rituais e cerimônias com ritos de passagem e feriados de nossas crenças religiosas e culturais. Gastamos horas intermináveis preparando comidas especiais, decorando nossas casas e comprando presentes especiais para celebrar e homenagear cada ocasião. Pensando na citação acima que vem, como veio, de um mestre do chá na tradição Zen, do século quinze, eu também me lembro da importância de se criar rituais e cerimônias em nossa vida diária para nos reconectar com algo além de nossas posses materiais e de nós mesmos – para nos preencher com um senso de comunidade e do sagrado de toda a vida.

Os dois rituais a seguir podem ajudá-lo a aprender como usar a água como um "remédio", para restaurar e acolher sentimentos de harmonia e uma sensação de bem-estar. Assim como uma planta murcha precisa de água para restaurar sua capacidade de crescer forte, também nós precisamos da água para nos ajudar a ficarmos em equilíbrio quando a vida apresenta seus desafios diários. Ambos os rituais me foram ensinados por meus parentes nativo-americanos. E é com a amável permissão deles e com grande honra e respeito que os compartilho com você.

Água como vida

Durante os meses finais da vida de Susana, ela quis ir a uma cerimônia de oração dos nativo-americanos. Como acontece com todos os milagres, eles vêm quando menos esperamos, e surgiu uma oportunidade para irmos a uma dessas cerimônias. Foi minha primeira vez neste tipo de ritual e estava muito atenta para não ofender ninguém, principalmente por ser a única pessoa branca ali. Susana sentou-se ao meu lado enquanto os cânticos, orações e batidas dos tambores continuavam pela noite adentro. Durante um momento em particular naquela noite, uma das senhoras trouxe um balde de água para a tenda e começou a passá-la para cada pessoa sentada no círculo. A princípio, pensei, "Oh, que bom, estou com muita sede. Poderia tomar todo esse balde sozinha". Delicadamente, eu peguei uma caneca que me foi dada e, rapidamente, a mergulhei no balde de metal com água que estava à minha frente e a trouxe até meus lábios, sem hesitação. Quando ia tomar um gole, percebi que um senhor, nativo-americano, que eu agora chamo de Irmão estava balançando sua cabeça me sinalizando para não fazê-lo. "Ai, meu Deus", pensei comigo mesma. "A menina branca aqui já está fazendo coisa errada". Ele sorriu e sussurrou: "Esta água é sua vida. Como você quer bebê-la?" Quando ele disse isto, alguma coisa parou dentro de mim e pensei: "Esta água é sua vida. Como você quer bebê-la?" As palavras dele transformaram um simples beber água em uma cerimônia de vida.

Naquele momento, segurei a mesma caneca de água, mas com um sentimento muito diferente. Eu a segurei entre minhas mãos, ao invés de só com uma mão, e fechei meus olhos por um instante. Quando abri meus olhos, olhei para a caneca e depois a trouxe, devagar, até meus lábios. A sede que eu sentia antes sumiu e, o que ficou, foi um profundo sentimento de ligação com a água. Isso me trouxe um sentimento de renovação que ainda guardo.

Um dos velhos nativos ajudou Susana com a caneca e a encorajou a beber sua água também. Enquanto a água passava por seus lábios, ela foi capaz de sustentar seu corpo, mesmo no seu estado de fraqueza, e sorrir. Parecia que a água havia despertado uma sensação de vida em seu corpo exausto e frágil.

Desde aquele dia, quando vou tomar água, seja de um copo ou de um bebedouro, lembro-me das palavras compartilhadas comigo naquela noite especial. E, enquanto bebo, penso em *minha* vida. Dependendo de como estou me sentindo, tomo goles pequenos, goles grandes, ou bebo devagar.

Naquela noite, também me disseram que "Água é mulher. É a mulher que reza sobre a água. A água foi o primeiro remédio que o Criador nos deu, porque é a água que deve fluir primeiro para que um bebê nasça". Com a permissão de meus parentes nativos, geralmente conto esta história aos participantes de meus workshops e, depois, peço que se dividam em pequenos grupos e sentem em círculos. Um membro do grupo segura uma jarra de água e dá uma caneca a cada membro. A jarra é então passada para cada pessoa, no sentido horário, no círculo. O participante então pega a jarra e coloca um pouco de água na caneca. Não há conversa. É um momento silencioso, de auto-reflexão.

Esta cerimônia da água pode se tornar um ritual que você pode usar tanto para si mesmo quanto pode compartilhar com sua família, amigos, ou até colegas de trabalho, que possam estar se sentindo sobrecarregados pelas exigências da vida diária. Não é preciso que *haja* conversa. No entanto, se alguém que estiver participando quiser compartilhar sua experiência, encoraje-o. A história fornece a semente para o desenvolvimento do ritual... e o ritual fornece a flor da qual o fruto da consciência de si mesmo e do relacionamento amadurecerá.

Talvez agora seja um bom momento para experimentar este ritual. Encha um copo ou caneca com água, segure-a em suas mãos por alguns momentos, respire profundamente e diga para você mesmo, "Esta água é minha vida... como quero bebê-la?" Depois de terminar de beber sua água, observe quais sentimentos, sensações, ou pensamentos, vêm à sua mente. Se desejar registrar esse momento, você pode fazê-lo por escrito, ou pode desenhá-lo na página a seguir. Da mesma forma que faz um intervalo ou uma pausa no seu dia para tomar uma xícara de café ou chá, lembre-se de encher um copo de água para você, e de nutrir novamente *o presente sagrado que é sua vida.*

Cerimônia da Água - Percepções

Um ritual de banho para liberar as preocupações

Uma senhora da tribo Cherokee compartilhou comigo, certa vez, uma outra forma de usar a água para cura. Jenny me disse para pensar no banho como um *ritual de purificação...* um momento para deixar os problemas e as preocupações irem embora... e não apenas uma rotina para me deixar cheirosa. Eu conhecia o conceito de banho para purificação, já que um dos rituais do judaísmo é o *mikvah,* um banho ritual no qual as mulheres participam depois da primeira menstruação ou do nascimento de um filho. Nesse sentido, as idéias de Jenny eram diferentes, já que não era necessário esperar por nenhuma mudança específica para desfrutar esse ritual de banho; ao contrário, ele pode se tornar parte de sua rotina.

Jenny sugeriu que trouxéssemos flores especiais ou essências para o banheiro e, talvez, acendêssemos velas. Com essas pequenas e simples mudanças, podemos transformar nosso banheiro comum em um lugar sagrado. Enquanto toma banho, pense nas coisas que podem estar perturbando você fisicamente, emocionalmente ou espiritualmente. Então pegue a água em suas mãos e despeje sobre seu corpo ou sobre qualquer parte do corpo que esteja precisando de atenção. Depois do banho de banheira (ou de chuveiro), fique ali olhando até que a água toda saia pelo ralo, levando com ela todos os seus problemas e suas preocupações. Você irá criar, dessa forma, essencialmente, uma *rede de associações* entre o ato de tomar banho e sua mente, corpo e espírito. Da próxima vez que você tomar banho, experimente essas sugestões e observe como se sente depois.

CAPÍTULO QUINZE

CARTÕES POSTAIS DO OUTRO LADO

"Os anjos são silenciosos. Simplesmente estão ali para você. É como algo que temos dentro da gente."

- Uma criança de 7 anos de idade[7]

Quando uma pessoa querida morre, freqüentemente, nós nos perguntamos se haverá formas dela se comunicar conosco, que não seja pela sua presença física. Milhares de pessoas têm relatado casos pessoais nos quais receberam mensagens por várias formas, tais como sonhos, visões, fragrâncias e objetos se movendo, levando-as a tomar conhecimento de alguma coisa importante a respeito dos seus entes queridos. Pergunta-se, muitas vezes, se esses encontros são verdadeiros ou são simplesmente desejos aos quais as pessoas se apegam para amenizar a dor da perda.

Não tenho respostas para essas perguntas; no entanto, tive minhas próprias experiências e são elas que compartilho com vocês neste capítulo.

Mensagem de uma Querida Irmã Cerva*

Uma manhã em San Diego, na Califórnia, cerca de um mês depois da morte de Susana, compartilhamos um momento mágico mais uma vez. Como parte de um *workshop* de três horas para um grupo de profissionais da área de saúde mental, médicos, enfermeiras e educadores, eu estava ensinando um exercício de respiração (aquele que havia ensinado para Susana), que é usado para relaxamento e como indução em hipnoterapia. Eu instruía o grupo para focalizar seus olhos num lugar, respirar três vezes confortavelmente e, depois da terceira respiração, permitir que suas mentes viajassem para um lugar onde eles gostariam de estar. Disse a eles que explorassem este lugar totalmente e que descobrissem um suvenir que gostariam de trazer de volta, quando recuperassem o estado de consciência de vigília. E foi quando tive uma dessas experiências para as quais não temos explicações, que talvez você já tenha vivido ou então lido a respeito em livros.

Depois que o grupo voltou ao estado de consciência de vigília, de volta ao aqui e agora, perguntei, como sempre pergunto, se alguma pessoa desejava compartilhar sua

**A "Deer" Sister Message:* a autora usa aqui um jogo de palavras no inglês. Usa a palavra *deer*, que significa cervo ou cerva, e que tem a pronúncia semelhante a *dear* que significa querida.

experiência. O grupo parecia calmo e confortável. Diversas pessoas falaram sobre os seus sentimentos pessoais de calma, relaxamento, conforto, etc. Em um determinado momento, notei uma senhora sentada na fileira da frente, com uma expressão encantadora de suavidade no seu rosto e perguntei a ela se desejava compartilhar sua experiência conosco. Patrícia concordou com alegria.

Quando Patrícia respirou profundamente durante a vivência, se encontrou sentada na sacada de sua casa em Sedona, no Arizona. Escutou um certo chamado e pôs seu braço direito para fora da sacada. Uma águia grande e branca voou em sua direção e pousou em seu braço. Essa mesma águia tirou uma pena branca de sua asa e colocou-a em seu bico. Patrícia pegou a pena da águia e a colocou em uma espécie de pele de cervo que estava envolvendo seu corpo.

Então, a águia virou a cabeça e olhou em um dos olhos de Patrícia, depois no outro, fez um círculo e alçou vôo. Patrícia disse que viu a águia voar céu afora e que se sentiu como se tivesse ficado com uma capa de penas que cobria até sua cabeça. Ela contou que, após o exercício, voltou ao aqui e agora como se ela fosse a águia.

Quando terminou de contar sua experiência, eu percebia intensamente arrepios que passavam eletricamente pelo meu corpo. Comentei com o grupo que isso não estava na programação do *workshop*, mas me sentia compelida a comentar a experiência de Patrícia. O grupo se sentia mais que interessado em ouvir. Mencionei então que uma amiga muito querida havia morrido de câncer há apenas um mês e meio antes daquele *workshop*. Susana era uma mulher espiritual, profundamente envolvida com os ensinamentos dos nativo-americanos. Poucos meses antes de sua morte, os doutores Carl Hammerschlag e Howard Silverman, junto com muitos nativo-americanos patrocinaram um encontro de orações por Susana durante toda uma noite, no qual compareceram seus filhos, muitos amigos e profissionais de saúde. Ela estava rodeada pelos remédios mais poderosos... amor, oração e relacionamento.

Infelizmente, eu não havia podido ir a esse encontro pessoalmente porque estava em Kauai, no entanto estava lá de uma outra maneira... da melhor forma que conheço. Escrevi para ela uma história e a chamei de "Irmã Cerva"[8]. Havia enviado a história para Carl e pedi a ele que a lesse em um momento apropriado durante o encontro, e eu também a leria em uma montanha sagrada de Kauai na mesma noite.

A história é a respeito de uma cerva chamada Pequena Flor que sempre se perguntava porque a lua era branca. Enquanto ela buscava e buscava a resposta para sua pergunta, encontrou uma pena grande e branca e, soube que aquela pena pertencia a uma *parente* dela na floresta*, a Águia Branca Mãe. "Hummm", ela pensou consigo mesma, "se eu guardar esta pena, talvez eu também tenha um pouco do poder da Águia Branca Mãe de ver em muitas direções. Talvez um dia eu descubra a resposta sobre a lua."

---

*Nota do editor: É importante lembrar que para os nativo-americanos, mesmo no mundo animal, *todos* são relacionados entre si, ou "parentes", são uma mesma família.

Pequena Flor enfiou então a pena dentro de seu macio casaco de pele marrom e continuou sua caminhada. Depois de muito tempo, Pequena Flor ficou cansada e adormeceu. De repente, foi acordada por um cheiro familiar que significava perigo... fumaça. Quando ela viu o incêndio fora de controle, seu coração sentiu um imenso medo. Não tinha nenhum lugar para onde correr... ela se sentiu vulnerável e indefesa.

Enquanto Pequena Flor procurava freneticamente uma maneira de escapar, a pena que ela havia encontrado anteriormente se soltou de seu casaco e caiu no chão. Pequena Flor apanhou-a com sua boca e, enquanto fazia isso, sentiu que estava flutuando cada vez mais alto até ficar sobre a floresta... voando sobre o incêndio...

À medida que Pequena Flor voava mais e mais alto, uma coisa estranha começou a acontecer. Ela percebeu que a pena branca e grande não estava mais na sua boca. Pequena Flor perguntou-se, "Como eu posso estar voando sem a pena? Eu sou uma cerva e cervas não voam."

Nesse momento, a Águia Branca Mãe veio até ela e agradeceu imensamente por lhe trazer sua pena de volta. Contou-lhe que havia deixado a pena cair enquanto estava voando, e que foi Pequena Flor a quem ela *designou* para trazer sua pena de volta. A Grande Águia Branca Mãe seguiu falando à Pequena Flor: "Cada uma de minhas penas carrega uma prece para todos os parentes da Terra. A prece teria sido perdida para sempre, mas foi você quem a encontrou.

No entanto, você, em sua forma de cerva não tinha como trazê-la para mim, em meu mundo, exceto através do Grande Vôo de mudança de formas. Você teve que atravessar a ponte do seu mundo para o meu... e eu lhe agradeço. Você não é mais só uma cerva, mas também se transformou em uma Grande Águia Branca Mãe que levará as preces de todos os parentes nas penas de suas asas."

Então, a Águia Mãe deu à Pequena Flor a resposta tão esperada à sua pergunta sobre a lua. Ela lhe disse que a lua é branca porque é nessa hora que todas as Águias Brancas Mães e Avós mostram suas faces em um grande conselho sagrado... "E, Pequena Flor, você agora é uma das grandes Águias Brancas Mães, cuja face será sempre vista no brilho da lua e a sua canção do coração será levada com o sopro do vento".

Essa história nunca havia sido contada fora da cerimônia de prece seis meses antes. O paralelo entre ela e a história de Patrícia foi reconhecido claramente pelos participantes do seminário. Também descobrimos que Patrícia é católica e a sua Santa Padroeira é Santa Teresinha de Jesus, conhecida como "Pequena Flor". Além disso, a data do falecimento de Susana é também a data do aniversário de Patrícia.

Enquanto eu segurava minhas lágrimas, terminei a sessão contando para o grupo que, durante uma conversa telefônica, momentos antes da morte de Susana, ela me disse que me mandaria um cartão postal quando ela tivesse chegado do outro lado. Comovida, virei-me para Patrícia e disse: "Obrigada pelo cartão postal."

Dois corações

"O Espírito canta através da voz do coração"

\- Joyce C. Mills, Ph.D.[8a]

Aprendi que cartões postais podem vir de várias formas. Todo mês de fevereiro, por quase dez anos desde que perdi meus filhos gêmeos, eu sempre me encontrava num véu de sofrimento, pela dor da perda. Aqueles momentos de luto não eram planejados, simplesmente aconteciam. Em um dia próximo de completar o décimo ano desde a perda deles, eu estava com minha manicure fazendo as unhas das minhas mãos, quando a conversa entrou no campo da astrologia. Nessa época, eu não estava muito interessada em astrologia, apenas lia meu horóscopo no jornal, só por diversão. Uma mulher sentada ao lado, perguntou-me, "De qual signo é seu filho, Casey?". Pensei por um minuto e respondi, "Touro, eu acho. O aniversário dele é no dia 27 de maio." Rapidamente, ela respondeu, "Nããão, não é Touro, é Gêmeos. Tenho certeza. É Gêmeos." Uma sensação esquisita percorreu meu corpo quando ela me disse isso, mas a guardei na memória, não pensando novamente no assunto pelo resto do dia.

Alguns dias mais tarde, no dia de São Valentim*, 14 de fevereiro, estava sentada em minha cama, quando meu filho de nove anos entrou pelo quarto freneticamente e me

*Nota do editor: Data em que se comemora, nos Estados Unidos, o *Valentine's Day* dia da amizade.

entregou um cartão que ele havia feito para mim. Na frente do cartão de papel, tinha a típica toalhinha branca colada sobre um coração vermelho recortado. Sorridente, abri o cartão e fiquei paralisada com a surpresa. No cartão, havia dois corações, um próximo ao topo do cartão e o outro próximo da parte de baixo e, no meio, estava escrita a palavra "gêmeos". Fiquei muda. Aquela não era uma mensagem que uma criança normalmente escreveria no cartão de *Valentine's Day* para sua mãe. Com um tom inocente, investiguei: "Casey, este é um cartão tão bonito. E essa palavra, 'gêmeos'... você pode me contar mais sobre ela?" "Claro", ele respondeu na hora, "sabe, mãe, é como se fossem dois de mim. Tem o coração quente, que gosta de se aconchegar bem juntinho, e tem o coração mais frio que gosta de ficar sozinho de vez em quando." E então, olhando nos meus olhos, ele repetiu: "Pois é, mãe, é como se fossem dois de mim." Abracei meu filho querido bem apertado e disse: "É isso mesmo, Casey... é como se fossem dois de você."

Essa mensagem pode ser interpretada de muitas formas. Para mim, a interpretação não era e não é importante. Contudo, o conforto veio através da mensagem de meu filho. As almas de meus filhos gêmeos estavam bem. Nunca mais lamentei por eles.

DÉCIMO QUINTO PASSO

OS ENSINAMENTOS DA MULHER EM TRANSFORMAÇÃO

"As pessoas normalmente consideram que andar sobre as águas é um milagre. Mas acredito que o verdadeiro milagre não é andar sobre as águas, mas andar na terra."

- Thich Nhat Hanh[9]

Cada acontecimento diário pode ser uma oportunidade para vivenciar o renascimento e a cura. O nascer do sol pode estar ligado ao *seu* renascimento a um novo dia... um novo recomeçar. O pôr do sol pode representar o alívio de preocupações e problemas. Depois da passagem do furacão Iniki, um líder espiritual navajo, a quem chamo de Irmão, me contou uma história que descreve muito bem estes conceitos. Eu estava ao telefone com Thomas, dizendo a ele que freqüentemente me sentia cansada, fatigada e que estava tendo dificuldades para dormir em paz, por causa das preocupações pesando em minha mente. Ele ficou em silêncio enquanto ouvia e, exatamente quando pensei que ele estava já quase dormindo por ouvir meus lamentos, Thomas disse, "Irmã, você sabe alguma coisa sobre a Mulher em Transformação?" Assim que percebi que ele ia me contar uma história dei a ele toda minha atenção. "Não", respondi, "mas certamente gostaria de saber".

A Mulher em Transformação, nossa Avó mais velha, nasce todos os dias quando o sol surge no leste. Nessa hora, é importante virar-se nessa direção e cumprimentar o novo dia com gratidão... talvez com uma oração dizendo, "Obrigada, Criador, por me permitir ver um novo dia mais uma vez", ou com algum gesto, como levantar suas mãos e tocar seu coração. Durante o dia, a Mulher em Transformação passa pelos vários estágios da vida – puberdade, meia-idade e velhice – e, finalmente, ela viaja com o sol quando ele se põe. Olhe para a direção oeste nessa hora, pare, e pense sobre qualquer problema que você queira resolver. Como ela é uma Avó anciã, ela tem o dom de curar e abençoar todos os seus netos. Ela vai levar seus problemas com ela para que você possa ter uma boa noite de sono e, quando acordar de manhã, haverá um novo dia esperando por você.

Depois que Thomas me contou essa história, senti uma grande sensação de paz. Era como se ele tivesse me receitado um remédio espiritual para aliviar minhas preocupações.

Seguindo os ensinamentos contidos nessa história, tire um tempo, todos os dias, para olhar na direção do leste pela manhã, estenda suas mãos com as palmas abertas sobre sua cabeça e as traga de volta, colocando-as sobre seu coração. Respire bem suave e profundamente por seu nariz e expire pela boca. Assim estará trazendo as bênçãos do novo dia para você.

Faça a mesma coisa ao meio-dia e no final da tarde. Finalmente, olhe para o oeste quando o sol já estiver quase se pondo, respire devagar e profundamente, e visualize todas as suas preocupações indo para dentro de uma cesta imaginária. Quando a cesta estiver cheia, imagine-se entregando a cesta para a Mulher em Transformação. Não importa se você está na cidade ou no campo. Também não importa a época do ano. O que importa é permitir que as bênçãos da Mulher em Transformação toquem seu coração com uma sensação de cura e paz interior.

CAPÍTULO DEZESSEIS

O HOMEM DO CHARUTO

"Um anjo tem asas e vive lá em cima no céu.
Eles falam com as crianças em seus corações."

\- Uma criança de 6 anos de idade[10]

Estava anoitecendo em 31 de dezembro de 1995, quando meu marido Eddie e eu decidimos passear pelo luxuoso e florido Hotel Hyatt e levar presentes de fim de ano para uns amigos que estavam trabalhando lá. Ambos estávamos muito cansados e decidimos passar o *reveillon* sozinhos. Sem grandes eventos sociais e festas, apenas uma noite calma para ficarmos juntos.

Depois de entregar os presentes, concordamos que seria maravilhoso tomar um drinque de suco de goiaba no convidativo terraço, ao ar livre, enquanto assistíamos ao mágico pôr do sol de Kauai. Imediatamente vimos duas cadeiras vazias perto da área de música e decidimos que seria um lugar perfeito para apreciarmos tanto a vista espetacular do oceano quando os alegres sons de nossos músicos locais. No entanto, exatamente quando estávamos nos sentando, nosso enlevo romântico foi rapidamente cortado por um esmagador, pungente e, enormemente ofensivo cheiro de um charuto. Nossa reação foi, "Era só o que faltava... alguém poluindo o belo ar de Kauai!"

Pensamos em sentar em outro lugar ou sair do hotel. Quando olhamos ao redor, vimos uma mesa vazia longe o bastante para evitar o cheiro opressivo, e decidimos ficar. Próximo a nós, havia um casal sorrindo e tirando fotos um do outro. Havia algo de agradável na presença do homem. Sua constituição física grande e seus cabelos brancos me faziam lembrar um gentil urso branco. A mulher era igualmente encantadora, com cabelos pretos curtos, um sorriso suave e olhar expressivo. Justo enquanto pensava, "Vou perguntar a eles se querem que tiremos uma foto dos dois juntos", eles se viraram para nós e nos pediram exatamente isto. Quando Eddie foi pegar a máquina para tirar a foto deles, o homem percebeu que ele estava usando um grande broche de anjo em ouro no seu moletom. "Onde você conseguiu esse anjo?" o homem perguntou. "É maravilhoso". Dissemos a ele que tínhamos uma loja que vende anjos de todos os tipos e, imediatamente, os dois responderam com entusiasmo que conheciam a loja e que estiveram lá no ano anterior para a inauguração. Eles se lembravam da sensação agradável que tiveram lá.

A esta altura Eddie e eu nos apresentamos e eles fizeram o mesmo. Estávamos gostando tanto do encontro que convidamos John e Jeraldene para ficarem em nossa mesa. Nossa conversa e amizade nasceram dali.

Perguntaram como nossa loja começou. Eu disse que era uma longa história, mas John e Jeraldene disseram que tinham tempo sobrando e que realmente estavam interessados em saber. Contei que, enquanto estávamos em Oregon, eu estava escrevendo um capítulo para um novo livro no qual estava trabalhando, quando comecei a sentir que havia anjos por perto. Comentei que nunca havia pensado em anjos de uma maneira especial antes... Gostava deles, é claro, mas isso era tudo. Enquanto estava escrevendo um capítulo sobre encontros engraçados e inspiradores que as pessoas tinham logo antes de sua morte, senti a presença do irmão de minha amiga, que havia morrido de AIDS um ano antes. O mais estranho é que nunca o havia conhecido pessoalmente, mas, por alguma razão, não conseguia tirá-lo da cabeça.

Senti-me tentada a ligar para minha amiga, Charlee, que vivia em Nova Jersey, e dizer a ela o que estava sentindo sobre seu irmão, Gershon, e os anjos. Ela me disse que estava perto do aniversário de morte dele e perguntou se eu tinha lido o memorial que ela havia escrito sobre o irmão. Quando disse que não, Charlee falou que me enviaria um fax, imediatamente, e assim eu entenderia porque estava sentindo a presença de anjos ao meu redor. Enquanto segurava o fax em minhas mãos, meus olhos imediatamente se voltaram para a última linha, que era uma das frases de Shakespeare, em Hamlet, que Gershon mais gostava. Em letras grandes se lia, "Boa noite, meu bom príncipe. Que anjos com seu canto ao repouso te acompanhem." Em seguida liguei de volta para Charlee e ficamos mais de uma hora só falando sobre Gershon e anjos.

Na mesma noite, depois de jantar com um colega e amigo, nós nos pegamos andando em uma linda loja de anjos em Oregon que se chama "Os Anjos e Nós". Por alguma razão, comecei a comprar todo tipo de anjo... cartões de anjo, estátuas de anjo, papel de embrulho de anjo, incenso de anjo, broche de anjo, bonecos de anjo e assim por diante. O mais bizarro é que não sabia porque ou para quem daria aquilo tudo de presente. Só sabia que tinha de comprar aqueles que mais chamavam a minha atenção.

Jeraldene e John estavam trocando sorrisos e piscadelas enquanto eu falava. Segui contando que, no dia seguinte, quando compartilhei esta história com uma amiga querida, Irmã Katherine Knoll, durante um delicioso café da manhã caseiro, tive uma visão real de uma loja de anjos na cidade de Hanapepe, no lado oeste de Kauai. O suntuoso café da manhã foi literalmente interrompido por minha visão da loja. Naquela época, Eddie estava trabalhando como *barman* enquanto procurava outras possibilidades de emprego em Kauai. De repente gritei, "Katherine, por favor, não pense que estou louca, mas eu sei o que devemos fazer. Uma loja de anjos!" Então comecei a descrever a visão em detalhes. Quanto mais a descrevia, mais agitada eu me sentia.

Com sua inigualável voz profunda, Katherine disse, "Então, o que você está esperando, menina? Ligue para o Eddie e conte a ele." Depois de engolir alguma coisa, deixamos quase todo o nosso café da manhã na mesa, corremos para o escritório de Katherine e eu liguei para o Eddie. O que foi mais surpreendente é que o ceticismo normal de Eddie, do tipo isso não vai dar certo, não apareceu. Sua resposta imediata foi "Vamos fazer isso!" E então nasceu a "*Uncle Eddie's Aloha Angels*"!

Jeraldene e John ouviram com toda atenção. Eles se entreolharam e John pediu a Jeraldene para dizer porque eles estavam em Kauai agora. Ela concordou, e dessa vez Eddie e eu éramos os ouvintes de sua história especial. Em 5 de janeiro de 1995, um ano antes, o filho deles de dezoito anos tinha morrido de ataque do coração. Ele sempre teve excelente saúde, um atleta com um futuro maravilhoso pela frente, quando, de repente, sem aviso, o coração dele parou e ele morreu. O casal estava ali para fazer uma homenagem ao primeiro aniversário da morte do filho com uma cerimônia. Os dois, ela e John, disseram que sentiram a presença de anjos durante todo o tempo que estiveram em

Kauai e que, realmente, os anjos tinham nos feito encontrar. Eddie e eu chegamos até a pensar que o homem fumando o terrível charuto era um anjo disfarçado, orquestrando nosso encontro! John e Jeraldene concordaram, porque eles também haviam sentido o cheiro da fumaça e tinham mudado de lugar por causa disto. "Talvez devêssemos enviar um bilhete de agradecimento para ele", Eddie brincou. Todos rimos concordando.

No desenrolar da conversa, John revelou que havia conhecido Jeraldene em um grupo de apoio há muitos anos atrás, enquanto elaborava seu luto e dor, depois de ter perdido sua preciosa filha, Alexia, com oito anos de idade. E o que levou Jeraldene a esse grupo foi uma outra perda que tinha vivido: seu primeiro filho, Sean, morreu quando também tinha oito anos. Nós dois, Eddie e eu, ficamos admirados e com a coragem dessas duas pessoas especiais dividindo essas trágicas experiências conosco, tão docemente quanto alguém que oferece o mais sagrado presente de coração. A conversa continuou enquanto o sol jogava sua luz brilhante no oceano à nossa frente. O céu daquela noite estava apenas começando a dispor sua magnificência com luminosos tons de rosa, lilás e amarelo emergindo.

De alguma maneira, o tempo parou enquanto continuamos a compartilhar todos os aspectos de nossas vidas: pessoal, profissional e espiritual. John e Jeraldene perceberam um dos muitos colares que eu estava usando – um apanhador de sonhos prateado, e um pequeno ornamento de osso de búfalo pendurados em uma simples e fina corrente de prata. Quando perguntaram sobre seu significado, compartilhamos algumas de nossas experiências com nossos parentes nativo-americanos e como viemos a acreditar que somos todos aparentados nesta vida. Eles também falaram sobre suas experiências com povos nativos e o quanto suas vidas foram enriquecidas por esses ensinamentos.

Nesse momento, voltamos a falar sobre a cerimônia em reverência à morte de Alex, o filho deles. Perguntei a Jeraldene se sabia onde queria fazê-la. Respondeu que não tinha certeza, mas sentia que o lugar se mostraria sozinho. Enquanto ela continuava falando, me veio à mente uma certa praia no lado oeste de Kauai, chamada Polihale. Expliquei que era chamada de "o ponto de partida dos espíritos" por muitas pessoas dali. Seus olhos brilharam, dizendo que uns amigos já haviam falado sobre aquela praia, mas ainda não a tinham conhecido. Depois de alguns minutos de silêncio reflexivo, Jeraldene disse que sentia ser este o lugar ideal para a cerimônia. Ela então parou e olhou para John, depois de volta para nós, e perguntou se nós os ajudaríamos a organizar a cerimônia. Dei uma olhada para o Eddie e sem hesitação concordei em participar da forma que fosse possível. Conversamos sobre o que consideravam importante para homenagear o espírito de Alex.

Jeraldene disse que ela e John ganharam um tambor e muitas ervas sagradas, como tabaco, sálvia e cedro, mas que haviam deixado todas elas em Utah. Eddie e eu tínhamos todas essas coisas que eles queriam usar na cerimônia e nos sentimos honrados em poder compartilhar o que tínhamos com eles. Jeraldene também queria preparar uma cesta de frutas e colocá-la no oceano como um presente para o espírito do filho. Escolhemos o momento do dia para fazer a cerimônia – o pôr do sol... um momento de descanso e paz. Cada aspecto do memorial de Alex se desdobrou naturalmente, com a sensação de que um espírito gentil e iluminado dava as direções. Talvez a cerimônia tenha sido talhada pelas doces asas dos anjos.

O dia quatro de janeiro chegou com uma suave neblina de uma morna chuva de Kauai. John, Jeraldene, dois amigos deles e as suas duas jovens filhas se encontraram comigo e Eddie na praia. Esticamos um grande cobertor onde cada um de nós colocou uma oferenda especial que havíamos trazido. Cantamos canções, contamos histórias, vimos fotos, compartilhamos as oferendas que trouxemos e fizemos orações em homenagem ao amado Alex.

Quando o sol brilhante estava descendo no horizonte azul celeste, Jeraldene pegou a cesta cheia com todas as frutas favoritas de Alex e passou para cada um de nós. Então, depositamos nela oferendas de significados particulares para uma jornada segura de Alex para o mundo dos espíritos.

Quando a cesta tinha passado por todo o círculo, todos nós ficamos observando enquanto Jeraldene e John caminhavam vagarosamente em direção ao oceano com a cesta em suas mãos. Foram feitas algumas orações particulares por todos e Jeraldene ajoelhou-se, gentilmente colocando sua oferenda na areia branca fina como talco, no exato momento em que as ondas chegavam à praia. Ficamos de pé silenciosos, e observamos as ondas ficarem mais fortes... como se tentassem alcançar o presente que foi dado. John caminhou pela praia de areia branca e macia, batendo um pequeno tambor que tinha sido feito para mim, por uma pessoa a quem chamo de minha irmã, Jill Hagen. Parte judia e parte onondaga*, a filha única de Jill, Terry, era uma das bravas bombeiras que morreu no ano anterior enquanto combatia um incêndio devastador no Colorado. Ela havia feito esse tambor para mim um pouco depois de sua perda. Carinhosamente pintado à mão com muitos símbolos, Jill me mandou o tambor na esperança de que eu o usasse para cura. Quando John perguntou se poderia usar um de meus tambores, mostrei a ele os três que havia trazido comigo. Sem hesitar, escolheu o que Jill havia feito. Talvez tivesse reconhecido a batida do coração de sua filha-anjo distante.

---

*Os originais membros desta tribo, os Onondaga, faziam parte da Confederação dos Iriquois, fundada em 1570 pelo legendário nativo-americano Hiawatha, um Onondaga. Era composta por Cinco Nações: os Mohawk ao extremo leste, os Seneca ao extremo oeste, os Onondaga ao centro, como ponto de encontro ou capital, entre os Cayunga e os Oneida.

Quando a cesta finalmente desapareceu no abraço do oceano, compartilhamos a comida suntuosa preparada pelos amigos de John e Jeraldene. Com risos e um sentimento de gratidão, nós nos lembramos do homenzarrão com o charuto irritante e de como a trama de nossa nova amizade foi tecida pelas asas invisíveis dos anjos.

DÉCIMO SEXTO PASSO

RITUAIS E CERIMÔNIAS PARA CURA E CELEBRAÇÃO DA VIDA

"Tudo na vida pode se tornar um ritual. Quando isto acontece, nossa experiência de vida muda radicalmente e o comum torna-se consagrado."

- Rachel Naomi Remen, M.D.[11]

Cada um de nós terá um objetivo diferente para criar um ritual ou uma cerimônia em nossas vidas. Jeraldene e John queriam uma cerimônia para homenagear a vida do filho deles, Alex. Um casal com quem trabalhei decidiu renovar a relação matrimonial depois de uma separação e compraram uma árvore frutífera para seu jardim. Eles plantaram a árvore na hora que o sol estava nascendo, um momento do dia que simbolizava novos começos. Combinaram de regá-la juntos para garantir que ela cresceria sadia e forte. O crescimento do fruto era um símbolo dos frutos ganhos com o amor que compartilhavam.

Outro exemplo é o de Mary, uma mulher de quarenta e dois anos que criou um ritual para homenagear a morte de sua filhinha que ela abortou quando tinha seus vinte anos. Como havia estado grávida apenas por três meses, sua necessidade emocional e espiritual de luto foi desconsiderada pela família e pelo médico. Durante anos, pensou nesse bebê e ficava chorosa quando se aproximava a data de sua perda. Como parte do ritual, Mary decidiu escrever uma carta para sua bebê e lhe dizer do amor por ela que carregava em seu coração, assim como contar sobre si mesma e a família. Escolheu um lugar especial perto do oceano para ler a carta para a bebê, enquanto o sol se punha. Ela, então, cavou um buraco na areia, colocou a carta com retratos dela, do marido e da família no buraco e os queimou, junto com um punhado de folhas secas do seu jardim. Quando tudo virou cinza, Mary cobriu as oferendas queimadas com areia e colocou margaridas brancas no lugar da cova de sua bebê. Com lágrimas caindo livremente, Mary terminou a história me dizendo, "Sei que minha Daisy* está com Deus".

*Nota de tradução: Margarida, em inglês, escreve-se *daisy*

Em homenagem ao primeiro aniversário de minha afilhada, Sophia Ming Lu, que foi adotada de um orfanato na China, reunimos a família e os amigos e criamos uma cerimônia diferente da tradicional festa com bolo e sorvete. Começamos com um círculo de conversa, onde cada um de nós compartilhou as esperanças, desejos e orações pela vida de Sophia. Alguns participantes contaram histórias de suas próprias vidas, alguns cantaram, alguns leram poesia.

Uma das tias adotivas de Sophia é uma tecelã de cestas. Tia Laura trouxe para Sophia uma cesta especial, mas inacabada, e a passou para cada um de nós no círculo para cada um tecer a seu modo. O produto final tornou-se uma "cesta abençoada" para Sophia guardar para sempre. Cada volta do material, parecido com uma trancinha de palha, era entrelaçada com uma prece especial de cada pessoa participante nessa cerimônia. Demos essa cesta de presente para a mãe de Sophia, Aimée, e pedimos que encontrasse um lugar especial para a cesta na casa delas. À medida que Sophia for crescendo, provavelmente encontrará desafios como todos nós, mas esperamos que o tecido abençoado da cesta possa ajudá-la a se lembrar do apoio e amor que a rodeava quando era muito pequena.

* * *

Apesar das histórias serem diferentes, elas estão ligadas por um tema em comum: *precisamos ser participantes ativos em nossas curas e em nossas celebrações.* Ninguém conhece nossas histórias pessoais ou necessidades de cura melhor que nós mesmos, e acredito que bem profundo nos recessos de nosso coração, ansiamos por contar nossas histórias de várias formas de modo que possamos curar. Rituais e cerimônias podem nos ajudar.

Você está convidado a usar os pontos seguintes para ajudá-lo a identificar quais são *seus* objetivos para criar um ritual ou uma cerimônia em sua vida. Pergunte-se, "O que eu preciso, nesse momento, para resgatar a magia de minha vida?"

- Criar força interior?
- Reafirmar minha identidade individual?
- Reconhecer um rito de passagem? (nascimento, puberdade, graduação, casamento, menopausa, ser avós, morte)
- Reafirmar um sentimento de ligação com minha família... minha comunidade... o mundo?
- Reafirmar um sentimento de ligação com a natureza... os animais... as plantas... os elementos... os ciclos do dia, e assim por diante?
- Resgatar equilíbrio e harmonia comigo mesmo, meu relacionamento, minha família?
- Agradecer, honrar e celebrar uma conquista da vida?
- Para aliviar uma dor, medo, conflito?
- Reafirmar um sentimento de ligação com o sagrado?
- Criar um espaço seguro no qual o processo de cura possa acontecer?

Sinta-se à vontade para adicionar quaisquer outros propósitos ou finalidades para um ritual ou cerimônia que não foram mencionados nessa lista.

Criando seu próprio ritual ou cerimônia

Agora que você identificou a razão pela qual você precisa de um ritual ou uma cerimônia em sua vida, é hora de *criá-lo*. A folha de trabalho na página 273 foi reservada para que você possa anotar suas idéias.

Dedique um bom tempo para explorar o que você precisa em sua vida nesse momento. Se desejar, poderá utilizar essa mesma estrutura com sua família, amigos ou sócios. Ao tentar resolver nossos problemas, normalmente precisamos expandir nossa visão de forma que possamos ver com os olhos da águia e não com a visão limitada do rato. Rituais e cerimônias podem nos ajudar a fazer isso.

Folha de trabalho para criar um ritual ou cerimônia

1. Qual o objetivo deste ritual/desta cerimônia? (Use as perguntas na página 270 para identificá-lo).
2. Que materiais precisarei para criar este ritual/esta cerimônia? (O casal que renovou a relação usou uma árvore frutífera, um regador e a água. Mary escreveu uma carta, pegou retratos, folhas e flores).
3. Preciso da presença de alguém para me ajudar neste ritual/nesta cerimônia? (Lembra-se de Jaimi e seu Vaso de Luz? Eu estava presente quando ela se desfez das pedras). Se respondeu que sim, com quem você quer dividir esta experiência?

4. *Onde* este ritual/esta cerimônia vai acontecer?

5. *Quando* vai acontecer – que hora do dia, que data?

6. O que vou precisar para celebrar o fechamento deste ritual/desta cerimônia? (Por exemplo, comida, presentes, etc.)

A história que melhor encerra este passo é aquela compartilhada pelo mestre do chá, Soshitsu Sen XV. Em seu livro *Vivência e sabedoria do chá*, ele conta uma história sobre um plantador de chá que convidou o mestre de chá mais respeitado no Japão, Rikyu, para tomar chá. Dominado pela emoção causada pela resposta positiva de Rikyu, a mão do plantador "tremia tanto que ele desempenhou mal sua tarefa, deixando a colher do chá cair, batendo no pequeno coador." Enquanto os outros convidados e discípulos se riam, o mestre do chá, Rikyu, estava visivelmente tocado ao dizer, "Foi excelente".

Parece que, a caminho de casa, um dos discípulos perguntou a Rikyu porque ele estava tão impressionado com uma "performance tão vergonhosa" como aquela. Em sua grande sabedoria, Rikyu respondeu, "este homem não me convidou com a intenção de me mostrar suas habilidades. Ele simplesmente queria me servir chá com todo seu coração. Dedicou-se totalmente ao preparo de um bule de chá para mim, sem se preocupar com seus erros. Eu fiquei comovido com essa sinceridade".

Este ensinamento sábio compartilhado pelo mestre japonês do chá, Soshitsu Sen XV, nos mostra que a regra mais importante que devemos lembrar em qualquer ritual é servir com "o coração sincero do anfitrião".

Folha de trabalho para o ritual

PARTE CINCO

DOAR...
COMPATILHANDO A VISÃO

"...Quando você se deparar com algo de bom, a primeira coisa a fazer é compartilhá-lo com quem quer que encontre; dessa forma, a coisa boa se espalha para onde não se imagina."

- Forrest Carter[1]

Muitas religiões e culturas adotam a filosofia da doação de uma maneira ou de outra, ajudando-nos a compreender que não somos os donos das coisas, mas simples depositários. Somos meros guardiões das histórias, objetos ou lições a nós incumbidas – e chegará o tempo quando teremos que passar adiante o que quer que tenhamos aprendido ou ganhado. Como uma preciosa colcha de retalhos de família que é passada de geração para geração, a mensagem relacional de passar adiante o que quer que tenhamos aprendido ou ganhado torna-se uma herança sagrada que não apenas enriquece nossas vidas, mas também enriquece a vida daqueles a quem se dá. Torna-se um legado no qual construímos aquisições individuais dentro de um esforço comunitário, e esta é a paisagem na qual prosperam ambas as ecologias interior e exterior da vida.

CAPÍTULO DEZESSETE

O CACHIMBO SAGRADO

"Como é maravilhoso que ninguém precise esperar um único momento antes de começar a melhorar o mundo."

- Anne Frank[2]

Antes de Susana morrer, passei muitos finais de semana com ela. Em um deles, em agosto de 1988, antes de sua cirurgia, pensei que poderíamos ir acampar com outros que participaram de nossos retiros do projeto *Turtle Island.* Carl Hammerschlag organizou uma viagem na esperança de nos reunir para conversarmos sobre nossas idéias e visões para retiros futuros. Como Susana percebeu que estava muito fraca para ir, decidiu ficar em casa. No entanto, insistiu para que eu fosse com os outros e disse que ficaria bem. Na noite antes de eu ir, Susana queria fazer uma Cerimônia de Doação. Como eu era iniciante nos ensinamentos dos nativo-americanos, nunca tinha ouvido falar dessa cerimônia.

Susana pediu à minha amiga Rita e a mim para nos sentarmos em círculo com ela. Acendeu sálvia e cedro, que ela, muito zelosa, colocou em uma concha de madrepérola. Em um velho cobertor navajo, colocou cuidadosamente vários objetos a nossa frente que eram sagrados para ela, como uma bolsa de couro feita à mão, uma pedra olho-de-tigre, um colar de âmbar, um Cachimbo com penas brancas e uma pequena tartaruga de quartzo rosa. Susana nos disse que, desde que havia ficado doente, muitas coisas que ela ganhou estavam *pedindo* para serem doadas. Ela explicou que, na tradição dos nativo-americanos, não somos donos das coisas; ao invés disso, somos os guardiões. Disse também que chegaria um momento em que elas deveriam ser dadas a outras pessoas. Enquanto Susana pegava cada item, dizia como o ganhou, e então o doava – ou para Rita ou para mim. Depois de pouco tempo, pegou o Cachimbo de pedra branca e quatro penas brancas penduradas em sua haste. O Cachimbo havia sido usado por Willie Whitefeather, um pajé Cherokee que vivia no Arizona. Ele trabalhava basicamente com crianças e usou o Cachimbo com elas em seus ensinamentos e suas orações. Depois do verão, ele o deu a Susana. Ela nos disse que o Cachimbo vinha *conversando* com ela, indicando que era hora de doá-lo. Quando Susana me deu o Cachimbo, enfatizou que este deveria ser doado à "sua irmã em espírito, que trabalha com crianças". Naquela ocasião, eu não sabia a profundidade dos ensinamentos que vinham com o Cachimbo. Eu só sabia que era muito *sagrado* e que eu estava aberta a aprender.

Na manhã seguinte, todas nós levantamos cedo e, juntas, nos preparamos para nosso acampamento. Susana estava encantada por irmos e arrumava o que podia para nós. Steven, um jovem que nunca tínhamos visto, veio nos buscar. Nos apinhamos no banco da frente de sua caminhonete e fomos embora. Prometi a Susana que contaria nossa viagem tim-tim por tim-tim.

A caminhonete balançava pelas estradas poeirentas do Arizona, enquanto compartilhávamos histórias de nossas vidas. Quando chegamos ao nosso destino, em Prescott, sentíamos como se nos conhecêssemos de outras vidas. Tenho certeza que sim. Descarregamos todo nosso material de acampamento e nos preparamos para as atividades do final de semana. Prometia ser um momento de diversão, oração, música, criatividade, caminhada e descanso – tipo um ensopado, com uma mistura de um pouquinho de tudo indo para a panela.

Naquela noite, nos reunimos ao redor da fogueira. Eu tinha falado a Carl sobre o *cachimbo sagrado* e ele sugeriu que eu o colocasse perto da fogueira, junto com os chocalhos que havíamos feito mais cedo naquele dia. Informou que teríamos o Círculo de Conversa. Éramos mais de vinte participando do círculo. Enquanto uma pena de águia era passada para cada um de nós, compartilhamos qualquer coisa que tivéssemos em mente ou em nossos corações. Falei sobre ter ganhado o Cachimbo, agradecendo por ter recebido um presente de grande significado. Quando chegou o momento de Carl falar, levantou uma pena de falcão, com uma garra presa, e disse que foi doada a ele durante uma cerimônia conhecida como Dança do Sol. Eu sabia vagamente sobre o que ele estava falando porque tinha lido a respeito disso em seu livro *A Dança dos Curandeiros*[3]. Carl nos informou que *sabia* que era hora de doar aquela pena. Com a fogueira da noite brilhando, Carl veio até mim e disse que aquela pena era para eu continuar a contar histórias. Quando me entregou a pena, fui tomada por uma sensação estranha que ainda não sei explicar. Passei a pena em meu rosto e em meus braços e a cheirei, chegando até a colocá-la próxima a meu ouvido como se tentasse ouvir sua mensagem.

Mais tarde aquela noite, perguntei a Carl sobre a pena. Sugeriu-me para ter paciência e ela, como o Cachimbo, me guiaria na direção certa. Quando amanheceu, cheguei à conclusão de que tinha de ir a uma cerimônia da Dança do Sol... não sabia como chegaria lá ou nem se haveria uma, ou até se eu, uma pessoa branca, poderia participar. O que eu realmente *sabia* era que tinha de descobrir por mim mesma. A doação do Cachimbo e da pena abriu uma porta para novas aprendizagens.

Com o passar dos meses, aprendi que a Dança do Sol é uma das mais sagradas cerimônias celebradas pelo povo Indígena das Planícies, passada a eles pela Mulher Novilho de Búfalo Branco* como um dos sete ensinamentos sagrados do Cachimbo. Na ocasião da cerimônia da Dança do Sol, uma grande árvore é trazida para o centro de uma clareira. Desde o momento em que é cortada, ela é carregada sem tocar o chão, até ser colocada de pé pelas pessoas. Cada pessoa que oferece orações prepara vários pacotes de tabaco, os quais são amarrados à arvore. Cada pequeno pacote é feito colocando-se tabaco sagrado no centro de um quadrado de tecido de cores variadas – vermelho, amarelo, preto, branco, azul, e verde. Eles são costurados com fio vermelho e amarrados à grande arvore sagrada da Dança do Sol.

Essa cerimônia é de quatro dias de intensa oração... de orações muito focadas. Os dançarinos se envolvem de mente, corpo e espírito para dançarem no esplendoroso sol, oferecendo a única coisa com a qual vieram para este mundo... sua carne. Os homens se estendem sobre um couro de búfalo e deixam um pajé segurar sua pele sobre seu músculo peitoral e perfurar com uma lasca de osso. Cada

*Nota do editor: A Mulher Novilho de Búfalo Branco, em inglês *White Buffalo Calf Woman*, é, segundo a tradição dos índios Lakota, Dakota e Nakota, uma mulher de origem sobrenatural que trouxe, em tempos mitológicos, os Sete Rituais Sagrados aos nativo-americanos dessas tribos, além do Cachimbo sagrado.

um deles amarra uma longa corda na árvore sagrada e é nesta corda que eles se amarram pelo osso em seu tórax. E, então, eles dançam pela benção de todos os povos. Quando sabem, em seus espíritos, que é chegada a hora, os homens se afastam da árvore até que sua pele seja rasgada de seus corpos como uma oferenda ao Grande Espírito e como um envolvimento total com os ritos sagrados que eles seguem.

Como parte desta cerimônia sagrada, as mulheres dançam também. Elas não furam a pele porque a doação do sangue é feita por seus corpos todos os meses e pela doação de seus corpos no nascimento. Ainda assim, o envolvimento é o mesmo. Elas dançam por quatro dias exatamente como os homens, meninos e idosos, jejuando o tempo todo, sem comida c sem água, começando e terminando o dia de dança em uma tenda da transpiração.

Cada dançarino leva um Cachimbo Sagrado. Durante certos momentos, um dançarino escolhe alguém que está do lado de fora do círculo e oferece o Cachimbo a ele ou ela. Esta pessoa a quem o Cachimbo é oferecido o compartilha com quem quiser se juntar ao círculo. Foi em uma dessas vezes que recebi um grande ensinamento outra vez.

Um Cachimbo foi dado a uma senhora nativo-americana que estava a meu lado, que começou a formar seu círculo e eu, como sempre, fui participar e rezar. Contudo, ela olhou para mim e diretamente perguntou, "Você é índia?" "Não", respondi hesitante. "Bem, então não pode se sentar conosco, esta cerimônia é apenas para índios". O desagradável olhar penetrante dela e suas palavras diretas, me fizeram sentir como se meu coração tivesse sido atingido por uma flecha perdida. Claro, entendi que ela tinha sedimentadas em si mesma a dor e a raiva contra pessoas brancas, pelo contínuo abuso que o povo dela sofreu durante as invasões de suas terras, e ela provavelmente me viu simplesmente como mais uma pessoa branca vindo explorar suas manifestações sagradas. Eu não podia nem tentar explicar que compartilhava de sua dor, como uma mulher judia, cujo povo também sofreu atrocidades de tremenda magnitude. Também não podia explicar o quanto aquelas cerimônias sagradas significavam para mim, nem sobre os muitos nativo-americanos com quem estabeleci relacionamentos profundos, e quanto me sentia envolvida pelos seus ensinamentos. Eu sabia que pareceria apenas mais uma curiosa da Califórnia. Então, simplesmente balancei minha cabeça indicando que havia entendido, me virei e sai.

Lágrimas surgiram em meus olhos enquanto caminhava de volta através de uma clareira no campo, depois do acampamento da Dança do Sol onde estavam as barracas e depois de onde estavam as muitas tendas da transpiração. Não havia ninguém nessa clareira. Através de minhas lágrimas, no entanto, percebi alguém vindo em minha direção. Quando ele se aproximou, vi que era George, um senhor conhecido por ser um interprete de sonhos*. Seus cabelos eram longos, da cor de sal e pimenta, voando com as mornas brisas do dia. Conheci George na primeira noite da Dança do Sol durante uma cerimônia da tenda da transpiração para crianças.

"Olá", George me disse. "Como vai?" Soluçando, choramingando e quase sufocando, respondi dizendo, "Não tão bem, George". Preocupado, ele perguntou "O que aconteceu?" Repeti a história do Cachimbo, da mulher e de suas palavras para mim. Comentei que talvez fosse um sinal de que eu não pertencia àquele lugar... sendo branca e tudo mais.

George se aproximou e olhou diretamente em meus olhos. Com uma voz profunda e ressoante disse, "Por que você está dando seu poder para ela?" e repetiu a pergunta com ainda mais força em sua voz, "Por que você está dando seu poder para ela? Eu sei que você sabe fazer melhor que isso. Usamos seu Cachimbo em uma tenda da transpiração com as crianças. Foi o Criador que trouxe você aqui. Não uma pessoa". Fiquei completamente parada, presa às palavras dele.

*Nota do editor: *Dreamspeakers*, ou interpretes de sonhos, têm papel semelhante aos curandeiros ou xamãs em muitas tradições indígenas nas Americas. Têm conhecimento profundo sobre o mundo animal e dos espíritos, assim como de psicologia humana. Em geral, entram em estados amplificados de consciência para interpretar sonhos e visões.

George continuou. "O que eu quero que você faça é ir a uma tenda da transpiração e rezar por essa senhora que a rejeitou. Se ela disse isso para você durante este momento da Dança do Sol, então ela não sabe o real significado do Cachimbo. Reze por ela". Então George levantou sua mão e fez um movimento como se torcendo uma lâmpada em um soquete invisível. Dando uma pequena mas definida virada em seu punho, ele disse, "Irmã, mude isso... reze. Em algum momento, durante esta Dança do Sol, você também ganhará um Cachimbo. Encontre essa mulher e o ofereça a ela. Unidade, amor, paz são os ensinamentos do Cachimbo. Não preconceito. Você ouviu o que Martin Highbear disse como nosso Intercessor nesta Dança do Sol; ele começou esta cerimônia dizendo, 'Deixe todos os preconceitos do lado de fora... trazendo-os para dentro, você só irá machucar os dançarinos... e isso faz com que eles adoeçam.' "

Então, fiz como George pediu. Entrei em uma tenda da transpiração para mulheres e rezei por ela. No dia seguinte, ganhei um Cachimbo exatamente como George previu. Fui à procura da mulher, encontrei-a, dei a ela o Cachimbo e perguntei se ela gostaria de se juntar a nós. "NÃO!" retrucou de volta para mim, virou as costas e foi embora. Eu entendi que tinha de passar por isto também... Era parte dos ensinamentos. Aprendi outra vez que rezar não é para tentarmos conseguir o que queremos dos outros, mas é para a cura de nossos próprios corações e o restabelecimento de nosso relacionamento com algo maior que nós mesmos.

Na última década, participando de muitas cerimônias, assim como vivendo e trabalhando com o povo nativo, aprendi que essas experiências não são para ser romanceadas ou colecionadas como amuletos em um colar para serem exibidos. Quando pensei pela primeira vez em escrever esta história, questionei se eu sequer tinha o direito de fazê-lo, sendo uma pessoa branca. Conversei sobre isso com muitos de meus parentes nativo-americanos, inclusive Martin Highbear, na Dança do Sol. Ele apontou para a árvore sagrada e disse, "Joyce, vê aquela árvore? Vê as cores daquelas orações?... Pretas, brancas, vermelhas e amarelas. Todas as cores dos filhos do Criador. E o azul do Avô Céu e o verde da Mãe Terra. A profecia diz que, quando todas as cores dançarem juntas na Grande Clareira, haverá paz no mundo. Foi uma profecia dita pelos Curandeiros. Você é filha da cor. Você é uma contadora de histórias. Vá e ore com seu Cachimbo. Cuide dele e ele cuidará de você". E assim eu fiz... e assim eu faço.

Martin Highbear morreu em 2 de setembro de 1995. Seus presentes continuam a ser doados através das histórias que ele compartilhou com muitos.

Nota: A palavra "Cachimbo" foi colocada em letra maiúscula através do texto em reconhecimento ao seu aspecto sagrado para o povo nativo-americano.

DÉCIMO SÉTIMO PASSO

AQUECIMENTO GLOBAL: UMA CERIMÔNIA DE CURA

"Se nós não temos paz, é porque nos esquecemos que pertencemos um ao outro."

- Madre Teresa[4]

No campo da ecologia, o termo *aquecimento global* carrega consigo um aviso negativo de que nosso planeta está correndo sério perigo. Acho que nosso planeta *está* correndo sério perigo, não apenas sob a perspectiva das ameaças ecológicas evidentes, mas também das igualmente importantes ameaças ecológicas interiores, como as relacionadas com cortes em programas vitais nas áreas de educação e saúde. Acredito que nossa missão como seres humanos neste início do século XXI é promover um *cuidado global*... um tipo diferente de aquecimento global. Uma maneira de todos nós participarmos nesta meta é através de rituais e cerimônias. O *cuidar* vai sem dúvida levar ao *curar*.

Há muitos anos atrás, recebi uma carta de Barbara Omaha, uma irmã espiritual da tribo Ojibway, Dançarina do Sol e portadora de Cachimbo sagrado, dizendo-me que o dia 21 de junho de 1996 tinha sido designado como o dia de oração e cerimônia para a paz mundial. O pedido para esse dia especial de *cura global* partiu de Arvol Looking Horse, Guardião, pela 19ª Geração, do Cachimbo Sagrado Novilho de Búfalo Branco para as nações nativo-americanas Lakota, Dakota e Nakota[5]. Termino este capítulo com sua declaração, na íntegra. Espero que o apelo de Arvol Looking Horse pela paz mundial e harmonia sejam as asas sobre as quais a *cura global* voe e se eleve, e que esta mensagem espiritual de 21 de junho seja um dia para ser celebrado todos os dias de todos os anos.

> *Eu, Arvol Looking Horse, Guardião, pela 19ª. Geração, do Cachimbo Sagrado Novilho de Búfalo Branco para as nações nativas Lakota, Dakota, e Nakota peço que todas as Nações sobre a Mãe Terra declarem o dia 21 de junho de 1996 o Dia Mundial de Paz e Oração. De acordo com líderes espirituais e Anciões que se encontraram nas Nações Unidas para apresentar suas profecias – e também nas Seis Nações, no Canadá – os*

sinais das profecias dos povos indígenas se mostraram. As profecias dizem que é hora de começar a consertar o Arco Sagrado e começar uma cura global, trabalhando pela paz e harmonia mundial.

O nascimento de um novilho-fêmea de búfalo branco nos diz que estamos em uma encruzilhada – ou voltar para o equilíbrio ou encarar o desastre global. É nossa obrigação voltar aos lugares sagrados e rezar pela paz mundial – se não fizermos isso nossos filhos sofrerão.

Em Grey Horn Butte, antes da Mulher Novilho de Búfalo Branco trazer o Cachimbo Sagrado para nossos ancestrais, um profeta estava viajando pelas Sagradas Black Hills – Paha Sapa, "coração de tudo que existe". O profeta viu uma grande oca. Quando entrou na oca, viu o Cachimbo Sagrado ao norte e viu o Feixe de Arco e Flechas Sagradas ao sul. De acordo com o Conhecimento das Estrelas, há seis estrelas que designam seis lugares sagrados nas Black Hills – estes lugares são lugares sagrados para oração. Dizem-nos que há um lugar sagrado a cada cem milhas ao redor da Mãe Terra. Pedimos a todos que voltem a estes lugares e rezem, com seus corações, para nós. A cerimônia começa às dez da manhã, horário de Dakota do Sul.

Ficou decidido, de acordo com o Conhecimento das Estrelas, que 21 de junho é dia de oração. O povo indígena de Turtle Island começará sua jornada espiritual a cavalo desde Wahpeton, Saskatchewan, no Canadá, até Grey Horn Butte (conhecida como Devils Tower) em Black Hills no Wyoming. Ali, os povos indígenas rezarão com os Guardiões do Feixe Sagrado para começar a restauração da paz e do equilíbrio. Pedimos a todos os povos que comecem a organizar suas cerimônias em seus campos sagrados, ou da maneira que cada um reza, de forma que eles estarão rezando, ao mesmo tempo em que nós, de seus próprios centros espirituais.

Até o momento, conversamos com líderes em todo o mundo e cada um se comprometeu a trabalhar apoiando o dia 21 de junho de 1996. Pedimos a todos os povos de todas as crenças que respondam e apóiem nossos esforços pela paz e harmonia mundial – nosso círculo de vida onde não há começo nem fim. Que a paz esteja com todos vocês.

- Guardião, pela 19a. Geração, do Cachimbo Sagrado Novilho de Búfalo Branco

Arvol Looking Horse

CAPÍTULO DEZOITO

O MISTÉRIO DA VIDA

"Tudo na vida é uma história...
Isto nos dá a percepção de viver o mistério na vida."

- Laurens van der Post[6]

Enquanto participávamos da *National Speakers Conference* de 1996 em Orlando, na Flórida, fomos convidados para a apresentação de Arun Gandhi[7], o neto de Mahatma Gandhi. O Sr. Gandhi contou muitas histórias relacionadas com a crença de seu avô na não-violência, mas uma em particular ficou comigo durante os cinco dias de conferência. Para mim, esta história detém a essência do espírito da mensagem de Doar. Compartilho esta história do jeito que me lembro.

Há muitos séculos atrás, havia um grande rei que queria saber sobre os mistérios da vida. Ele foi à casa de um sábio e implorou-lhe para que contasse o mistério. O sábio foi ao quarto dos fundos e voltou com um único grão de trigo e entregou o grão de trigo para o rei sem dizer uma só palavra. O rei achou que o sábio estava brincando com ele e, mal-humorado, pegou o grão de trigo, saiu e voltou para seu palácio.

O rei estava confuso e não sabia o que fazer com o grão de trigo. Aquele era o mistério da vida – ou não era? Sem certeza do que realmente tinha em mãos, mas ao mesmo tempo sabendo que tinha algo que não podia desprezar, mandou fazer uma caixa especial de ouro, na qual colocou o grão de trigo. Todos os dias o rei olhava para o grão na caixa, mas nada acontecia. O rei estava se sentindo muito frustrado, confuso e desapontado, até que um dia encontrou com um indiano, astuto e experiente que explicou tudo que havia acontecido com o grão de trigo e a caixa. O rei então pediu ao indiano para, por favor, dizer a ele qual era o mistério da vida. De novo, o grande rei ouviu "Este é o mistério da vida". O indiano continuou, "a menos que este grão de trigo seja colocado em seu ambiente para que entre em contato com todos os diferentes elementos de sua vida, ele não pode crescer, não pode produzir... não fará nada. Se Vossa Majestade o mantiver nessa caixa, ele será um grão de trigo morto, nada acontecerá a ele."

Arun Gandhi disse que esta era a filosofia de seu avô em relação à vida e a não-violência: se pegarmos os ensinamentos e as filosofias que aprendemos e os colocarmos tudo em livros, lendo-os apenas ocasionalmente, eles se tornarão, de alguma forma, sem sentido. Mas se os pegarmos e usá-los em nossas vidas diárias, estes *grãos de trigo* terão a oportunidade de crescer e florescer.

Mais tarde aquela noite e durante toda a conferência, peguei-me pensando sobre o presente contido naquela história. Obviamente, ela não era um modelo passo a passo para superar o medo e a violência em nosso mundo, nem era uma estratégia didática para projetar nossas carreiras como palestrantes ou magos do marketing. Para mim, a história carregava uma mensagem mais profunda enfeitada de sabedoria. Acredito que, assim como o velho sábio colocou o grão de trigo na mão do rei, Gandhi deu a cada um de nós na platéia um grão de trigo ao compartilhar esta história... e colocou o mistério da vida ao nosso alcance. Depende de nós escolhermos o que fazer com isto: podemos nutrir o grão de forma que nossa vida floresça com sentido e substância, ou podemos colocá-lo em uma caixa, como fez o rei, e continuar a procurar por algo mais – por um lado, sabendo que recebemos algo especial, e por outro lado, nunca nos sentindo satisfeitos com os presentes que ganhamos.

Muitas vezes na vida, procuramos e procuramos pelos mistérios que a vida tem para oferecer. Queremos *mais*, *maior*, *melhor*, *mais rápido* e assim por diante, mas essas coisas materiais nos impedem de experimentar os verdadeiros mistérios e milagres da vida. Quais são estes mistérios e milagres? Não sou sábia o bastante para responder a uma pergunta como esta, mas eu sei que, para cada um de nós, eles são diferentes. Quanto a mim, pondero sobre a beleza do pôr do sol, o brilho da lua cheia, a sensação da chuva caindo delicadamente em minha pele numa tarde quente de verão, ou o som reconfortante de uma risada de criança.

Naquela noite quente da Flórida, no salão principal do Hotel Marriott, um grão de trigo foi colocado em minha mão. Como vou nutri-lo? Onde vou plantá-lo? Não tenho certeza. Talvez já esteja plantado, quando esta história continuar a ser contada.

DÉCIMO OITAVO PASSO

PLANTANDO AS SEMENTES, FAZENDO A COLHEITA

"Plante sementes. Plante pensamentos. Plante a si mesmo. Cuide-se de uma forma que produza as plantas mais bonitas e as mais saudáveis. Não se esqueça, uma das plantas do jardim que você está cuidando é você mesmo."

- Bernie Siegel, M.D.[8]

Antes de minha Bubbie* morrer, ela me deu um xale branco quadrado de crochê que ela mesma fez muitos anos antes. Com delicados desenhos de crochê, uma borda grossa de franjas, este xale é um dos meus mais preciosos presentes.

Bubbie é o termo carinhoso, em iídiche, para avó

Eu o levo comigo a todos os meus *workshops* e compartilho as histórias de minha avó através de seu espírito. Freqüentemente, durante ou depois de um *workshop*, as pessoas me contam histórias de seus próprios avós. Histórias das quais se lembram depois de ver o xale. Sei que chegará o momento em que darei o xale a um de meus filhos ou netos e as histórias seguirão com eles.

Só me sinto triste pelo fato de saber muito poucas histórias sobre a vida de minha avó. Quando ela veio para os Estados Unidos no início do século XX, da Rússia, sentia-se envergonhada de falar iídiche em público. Queria ser "americana", como costumava dizer, e parou de contar histórias sobre seu antigo país. Agora ela estava na América. Nunca ouvi essas histórias de minha mãe também. Nada deixou esse fato mais claro do que quando minha querida mãe morreu recentemente. Enquanto olhava umas fotos de família, percebi que sabia muito pouco sobre meus ancestrais. Bem, eu sabia a maioria de seus nomes e em homenagem a quem fui batizada, mas sei muito pouco sobre suas histórias... suas vidas. Isto deixa um espaço vazio no jardim de minha vida e, subseqüentemente, na vida de meus filhos. Então puxo o xale para mais perto, já que seus delicados pontos de crochê fornecem as sementes de histórias adormecidas, latentes, dentro da terra úmida de minha vida.

Este décimo oitavo passo tem o objetivo de ajudá-lo a resgatar a magia das sementes de histórias esperando tranqüilamente para serem nutridas e despertadas no jardim de sua própria vida. A coisa mais importante para se lembrar é que você já é um contador ou uma contadora de histórias. Você tem contado histórias desde que era bem pequeno, bem pequena. Histórias estão ao seu redor, mas mais que isso, elas estão nos espaços sagrados de seu coração. E é através do coração que vemos nossas maiores visões e honramos nossos sonhos internos.

Reunindo Nossas Sementes de Histórias

Talvez você tenha uma jóia, uma peça de roupa, um xale, um cobertor, uma vara de pescar, uma foto, ou algum outro objeto especial que lhe foi dado por alguém especial. Reserve um bom pedaço de tempo tranqüilo e veja quais histórias estão ligadas a esses objetos. Talvez você se recorde de um encontro de férias preferido, uma celebração alegre ou um importante evento do ciclo da vida. Use a página seguinte ou outro papel qualquer para registrar o menor resquício de memória. Esses pequenos detalhes se tornam sementes a partir das quais suas histórias crescerão. Conforme as histórias começarem a criar raízes e a crescer, compartilhe-as como você compartilharia os mais doces morangos com alguém especial em sua vida e desfrute da colheita!

Sementes de histórias

Sugestões para liberar o contador de histórias dentro de você

- Faça uma lista de seus *hobbies*, interesses, talentos, ou experiências favoritas: a) do momento presente, b) de quando você era adolescente e c) de quando você era criança.
- Em seguida, reserve um momento calmo para lembrar-se de uma experiência relacionada com cada um deles, como quando aprendeu um desses *hobbies* ou habilidades com seu avô ou avó... ou quando você foi fazer uma caminhada, acampar, pescar, e assim por diante. Pense sobre onde você estava quando aprendeu ou experimentou essas coisas.
- Então busque um lugar sossegado, escolha uma dessas experiências, e escreva sobre ela. Não se preocupe com gramática, escrita, pontuação, e assim por diante. Simplesmente escreva e desfrute.
- Depois de escrever sobre a experiência, procure um amigo ou membro da família – ou use um gravador – e simplesmente conte sua história. Você pode ler o que escreveu ou contá-la da melhor maneira que você lembrar. Comece sua história mais ou menos assim... "e isso me faz lembrar de uma história..."

Aproveite, desfrute da experiência, descubra o "contador de histórias interior" e deixe-o divertir-se... É como o Mahatma Gandhi disse para seu neto: temos que tirar a semente da caixa, plantá-la , nutri-la e amá-la... Este *é* o Mistério da Vida.

CAPÍTULO DEZENOVE

O PÃO DE AMOR

"A alma se revela desdobrando-se
como um lótus de incontáveis pétalas."

- Kahlil Gibran[9]

Lembro-me de quando era uma menininha de cinco anos, sentada em nossa mesa amarela de fórmica, assistindo alegremente minha Bubbie misturar farinha, ovos, fermento, uma pitada de sal e água em uma vasilha grande, preparando nosso *challah* do Sabá (um pão sagrado feito especialmente para celebrar o começo do Sabá judeu, sexta-feira à noite). Suas mãos delicadas tiravam a massa da vasilha e a amassavam até ficar perfeitamente lisa. "Joyce-ala, nah",

("Joyce, aqui") ela dizia, entregando-me um pedaço da massa tirada da parte maior. Esse era o momento tão esperado... um pedaço de massa de minha Bubbie. E aí, nos duas pesaríamos a massa, colocaríamos na vasilha e repetiríamos o processo três vezes até que a massa tivesse crescido o bastante para trançar e, então, passaríamos gema de ovo na trança de massa e a colocaríamos no forno para assar. O delicioso cheiro de pão fresco assando espalharia pelo nosso apartamento de um cômodo na *Grand Avenue* no Bronx, em Nova Iorque, enchendo cada canto com um sentimento de aconchego e amor.

Quando me lembro daqueles momentos especiais com minha avó, lembro-me de uma história que li, pela primeira vez, em um livro maravilhoso da contadora de histórias Naomi Steinberg, intitulado *The Dybbuk and Other Stories for Reading Aloud* (*O dybbuk e outras histórias para serem contadas*)[10]. A história se chama "O *challah* da rebetze", que significa "O *challah* da esposa do rabino". Desde aquela época venho ouvindo diferentes versões dessa história, mas como Naomi conta a melhor delas, compartilho com você a essência de sua versão. A história completa pode ser encontrada em seu livro.

Era uma vez, há muito tempo atrás, um jovem brilhante, mas muito pobre, que estava para se casar com a filha muito simples e sem graça de um mercador rico. O jovem se sentia muito bem com essa jogada, porque pensou que seria o fim de sua pobreza. Mas não foi assim. Uma terrível disputa se espalhou pela terra e o mercador ficou doente e perdeu toda sua fortuna. A única coisa que o jovem podia fazer era trabalhar como rabino da cidade.

O jovem ficou muito bravo e contrariado pelo acontecido. Mas, sua jovem esposa, a rebetze, não estava perturbada por esses desafios. Ela trabalhava duro em casa e plantava verduras no jardim para ajudar nas tão necessárias economias. Dizem que ela até encontrava tempo para limpar a sinagoga e manter os candelabros polidos. E o mais importante é que toda sexta-feira ela ia até a cidade comprar farinha e fazia seu próprio challah do Sabá para ser compartilhado com a pequena congregação. Na maioria das vezes seus pães ficavam com uma forma estranha ou queimavam no fundo... Ela não era muito boa cozinheira.

Nas noites de sexta-feira, o jovem rabino pregava e pregava monotonamente para sua congregação, de alguma forma embalado pelo tom de sua própria voz. Mas, na verdade, suas palavras eram vazias, cansativas e a maioria dos congregados estava sempre entediada e sem inspiração. Finalmente, quando o rabino terminava, fazia uma oração sobre o vinho e tirava o véu que cobria o challah. Todas as vezes ele se estremecia ao olhar para o coitado do pão malformado e secretamente desejava ter o dinheiro suficiente para um comprar o challah da melhor padaria da cidade. Para ele, o challah de sua esposa simbolizava seu próprio fracasso.

Depois de fazer a oração do pão, o rabino passava pedaços do challah para a congregação. Mas a experiência dos congregantes era bem diferente da dele. Parecia que alguma coisa mágica acontecia quando eles comiam o challah da rebetze. Seus olhos vazios e entediados começavam a brilhar novamente com alegria e luz. E então cumprimentavam uns aos outros com alegria e votos amorosos de "Bom Sabá". O coração de todos se enchia de prazer... todo mundo, exceto o rabino, porque tudo que ele conseguia saborear era pão puro e simples.

Com o passar de semanas e meses, a sinagoga foi se enchendo com pessoas de vilas distantes. O rabino continuou com seus sermões enfadonhos, mas, quando a congregação provava o challah, eles se enchiam novamente de alegria e esperança. O rabino achava que a congregação havia crescido por causa de seus ótimos sermões, e ele se enchia de orgulho. Depois de passar um ano, as finanças melhoraram e o rabino prontamente instruiu sua esposa a parar de assar e ir comprar o challah na melhor padaria da cidade.

E assim, durante aquele momento especial da cerimônia, o rabino tirou o véu dos pães perfeitamente assados, provando a todos que ele tinha superado a pobreza. Mas, quando distribuiu os pedaços de challah daqueles pães dourados e perfeitamente trançados para a congregação, ninguém sentiu a alegria profunda que sentiam quando comiam o challah da rebetze.

Logo as pessoas pararam de ir à sinagoga. O rabino estava confuso e preocupado. Ninguém sabia o que exatamente havia mudado, mas os congregantes sabiam que as cerimônias com o rabino e com sua rebetze não traziam mais luz para a vida deles. Como a congregação diminuiu, as finanças também caíram e o rabino não podia mais comprar os pães. Com raiva e desdém, ele teve que voltar a usar os pães malformados, às vezes queimados, que a esposa fazia. No entanto, ao mesmo tempo, ele começou a olhar dentro de seu próprio coração, e começou a perceber que não eram as palavras dele que traziam alegria às pessoas. Como sempre acontece, quando estamos no maior dos desesperos, a verdade se revela.

E assim aconteceu... O rabino começou a notar que, depois de distribuir o pão para seus congregados, a alegria voltava à face de seus seguidores enquanto eles comiam o challah da rebetze. Deve haver alguma mágica... pensou consigo mesmo... minha esposa deve estar usando um ingrediente especial.

Finalmente, numa manhã de sexta-feira, o rabino foi até a esposa e disse que queria ver como ela fazia o challah. Ela ficou sem graça, mas concordou em mostrar-lhe. E ele observava, enquanto ela simplesmente misturava farinha, água, fermento, ovos, um pouco de manteiga, açúcar e uma pitada de sal em uma tábua de madeira. Prestou bem atenção quando ela pôs a massa em uma vasilha e a cobriu até que a massa tivesse crescido. Ele não viu nada mágico ou especial.

Quando a massa cresceu, a rebetze pegou a massa e começou a dividi-la em três partes para trançar. Explicou ao marido que, enquanto enrolava a primeira parte, ela meditava pensando apenas no Nome Divino. Mostrando a segunda parte de massa contou que a chama de seu momento de contemplação, porque, enquanto a enrola, contempla a massa como uma fonte de sustento. "Meus pensamento simplesmente voam para o céu do jeito deles". Finalmente, a rebetze pegou a última parte da massa e começou a enrolá-la devagar e longamente. Ela disse ao rabino que, enquanto enrolava aquela terceira parte de massa, colocava nela suas orações para a casa deles, para a família, para a vila e para todas as pessoas sofredoras do mundo. Pegou então as três partes em suas mãos e mostrou-lhe como ela as trançava e colocava no forno para assar. "Veja, é muito simples".

Naquela noite de sexta-feira, o rabino parecia diferente: falou com humildade, suavidade e doçura. Seus congregados até notaram que sua mão tremia um pouco quando ele ergueu sua taça de vinho para rezar. Quando ele disse o Ha-motzi, lágrimas encheram seus olhos e ele distribuiu o challah para todos os presentes e se juntou a eles enquanto mastigavam seus pequenos pedaços de pão. Desta vez, o coração do jovem rabino se encheu com uma luz de alegria e doçura... um sentimento que ele nunca tinha sentido antes. Com o coração cheio, o rabino desejou para as pessoas "Bom Sabá", internamente grato pela sabedoria da sua esposa.

Desde então, as pessoas vinham de longe para ouvir seus sábios ensinamentos e preces que tocavam o coração... sempre cheias da alegre doçura e luz do challah da rebetze.

Acho que a filosofia por trás da história de Naomi é muitíssimo parecida com a de Arun Gandhi. Como o rei que ganhou o mistério da vida através de um simples grão de trigo, o rabino também ganhou o presente através de um simples *challah* amorosamente feito por sua esposa. Também como o rei, ele não conseguia ver o que estava diante dele. Podia ver apenas o pão simples e malformado. Sua caixa de ouro era seu próprio ego – ele pensava que *ele* possuía a mágica, mas na verdade não possuía *nada*. Nós não somos possuidores, somos simples cuidadores. Assim como as palavras do sábio indiano que disse ao rei que ele tinha que plantar o trigo, nutri-lo e cuidar dele, a rebetze pegou a massa e a preparou com amor, oração e compaixão. E então o pão cresceu e alimentou o espírito daqueles que o comeram.

Quais são as mensagens tecidas na trama dessas histórias? A resposta está no coração de cada um de nós. Para mim, eu penso em minha Bubbie e a maneira como ela levava seu tempo preparando o *challah* para nós saborearmos. Imagino se ela sabia que não são os ingredientes apenas que faziam o *challah* tão delicioso, mas os ingredientes espirituais de seu amor e de suas orações. Sim, foi há muito tempo atrás, mas eu ainda me lembro de como minha avó amassava os ingredientes em nossa mesa de fórmica enfarinhada até a massa ficar lisa e macia. Mais que isso, lembro-me como os dedos delicados dela partiam um pedaço da massa e o davam gentilmente para mim. Bubbie sabia muito sobre como fazer o *challah*... eu ainda estou aprendendo.

DÉCIMO NONO PASSO

A GARRAFA DE LEMBRANÇAS

"Deus deve ter percebido que os humanos
precisam estar conectados ao passado,
então ele nos deu lembranças."

\- Mike Ruhland[11]

Freqüentemente, nós nos vemos afundando na areia movediça da negatividade ou de lembranças doloridas e precisamos encontrar uma maneira significativa de sairmos daquela armadilha. Ser capaz de acessar lembranças positivas é uma maneira de nos ajudar a ter êxito nessa empreitada.

A primeira vez que li sobre a *Garrafa de Lembranças* foi em uma história comovente publicada na *Reader's Digest* intitulada "Mensagem em um céu estrelado"[12], escrita por

Annette Baslaw-Finger, uma mulher que corajosamente escapou da invasão nazista de sua cidade natal francesa quando ela era apenas uma criança. A história foi-me dada como um presente por um dos esforçados colegas com quem tive o prazer de trabalhar durante o programa de Atividades de Cura Natural depois do furacão Iniki. Annette Baslaw-Finger conta como seu pai a chamou para junto dele, logo antes de serem obrigados a se refugiarem num sótão sem janelas, quando a polícia já estava para entrar no lugar onde ela e a família ficaram escondidas.

Seu "papai" disse a Annette, que tinha dez anos de idade, que eles deveriam ter de ficar escondidos por um longo tempo: "Temos de encontrar uma maneira de nos lembrar de como este mundo é especial". Baslaw-Finger então descreve como o pai "fingiu pegar um objeto imaginário de uma prateleira", e disse, "Vamos abrir a garrafa de lembranças... nós vamos colocar nela apenas as imagens, os cheiros e os momentos que são mais preciosos para nós". Sugeriu que ela procurasse lembrar do que sentia caminhando pela grama, do cheiro das diferentes flores, da cor do céu e do toque da brisa. Terminou dizendo a ela para colocar todas as lembranças na garrafa e colocar a rolha. A pequena Annette fez como seu pai sugeriu. Nos momentos em que a menina se sentia desanimada, seu amado papai dizia a ela para "puxar a rolha e tirar uma lembrança". Algumas vezes ela escolhia pegar "um tapete de céu azul..." outras vezes, "o perfume das rosas", e isso sempre a fazia se sentir melhor.

Desde que li sobre a *Garrafa de Lembranças*, a história se tornou uma semente da qual uma experiência tangível floresceu. Espero que o mesmo possa acontecer com você. Na página fornecida, eu o convido a criar sua própria garrafa de lembranças e resgatar a magia das lembranças positivas de sua própria vida, usando estes cinco passos como seu guia:

1. Encontre um momento tranqüilo e sem interrupções, e reveja em sua mente algumas lembranças positivas de sua vida... experiências que são boas de serem lembradas, como uma caminhada no parque com um amigo especial, o cheiro do pão caseiro feito por sua avó, um feriado, um gesto de gentileza que alguém teve com você, um pôr do sol mágico, ou aquele momento em que conseguiu alcançar um muito desejado objetivo que não acreditava que conseguiria.

2. Depois de ter revisto aqueles momentos especiais no seu álbum mental de fotos, feche os olhos e imagine um símbolo que melhor representa cada experiência lembrada. De certa forma, você está criando mentalmente uma logomarca que represente sua experiência valiosa. Por exemplo, toda vez que penso em minha avó, visualizo um passarinho branco e cinza.

3. Com seus olhos ainda fechados, imagine uma garrafa onde possa guardar todas essas lembranças positivas. Observe seu formato, seu tamanho, sua cor.

4. Quando a imagem aparecer claramente em sua mente, abra os olhos e desenhe a figura na página seguinte.

5. Depois, desenhe, na sua garrafa, os símbolos do passo dois acima que melhor representam suas lembranças.

Annette Baslaw-Finger e a família chegaram a salvo na Filadélfia no dia 23 de agosto de 1943. Adulta, ela conseguiu seu Ph.D. e se tornou professora de línguas estrangeiras. Uma avó orgulhosa de quatro netos, ela abriu uma garrafa de lembranças para cada um de seus filhos e netos. Apesar de nunca ter me encontrado com a Dra. Baslaw-Finger – ou seu Papai – sou eternamente grata aos dois pela história e seu presente de lembranças e esperança.

Minha garrafa de lembranças

EPÍLOGO

O BEIJO DE BANANA

"Nós vimos, nós fazemos, nós vamos, e o fazer pode ser uma grande viagem se você não entrar em pânico e se acreditar, como eu acredito, em magia e imaginação e em magos que vivem pelas estradas sossegadas dos campos."

- Robert James Waller[1]

Já conheceu alguém tão mágico que alguma coisa do encontro, não importa quão breve, deixou você com a lembrança gravada para sempre nos espaços sagrados de seu coração? Pois bem, um encontro assim aconteceu comigo em maio de 1991, durante um intervalo de almoço, em uma conferência que eu estava dando no Hospital Infantil Newington em Connecticut. O Dr. Jim Monahan, Diretor do Serviço de Psicologia do hospital, me convidou para acompanhá-lo em suas rondas de visitas às crianças que estavam em tratamento. Enquanto caminhávamos pelos corredores, encontramos uma encantadora menina, de mais ou menos cinco anos de idade, de pele acobreada, que estava sentada na frente da enfermaria. Ela tinha um sorriso iluminado, olhos grandes da cor de chocolate escuro, sempre piscando, e os cabelos castanhos encaracolados. Apesar de estar presa a uma cadeira de rodas e parecer não poder usar a parte inferior do corpo, ela podia falar e usar a parte superior muito bem. Em sua bandeja de almoço, havia um sanduíche comido pela metade, dois biscoitos, um copo de leite e uma banana. A enfermeira me disse que a garota sempre demorava muito para comer e que talvez eu pudesse encorajá-la a terminar o almoço. Senti-me tão cativada pela presença daquela boneca de cachinhos, que deixei o pedido da enfermeira de lado em qualquer lugar da minha mente. Abaixei para ficar na altura de seus olhos. "Oi, meu nome é Joyce; qual é o seu nome?" Eu *achei* que ouvi sua resposta, "Meu nome é Delores", e respondi, "Delores, que nome bonito." "Não", ela revidou, "Meu nome *não* é Delores, meu nome é DEMORES!" "Ohhh", respondi. "Claro, Demores – este nome é ainda mais especial para você." Ela deve ter gostado da resposta porque a pequena Demores piscou os olhos e mostrou um brilhante sorriso para mim.

Depois de conversar um pouco com Demores sobre o que ela gostava de fazer e, em seguida, sobre o almoço na bandeja que parecia delicioso, ela olhou para uma cadeira vazia perto dela, então olhou para mim, depois de volta para a cadeira vazia. Com um biquinho no lábio inferior e um tom de súplica em sua voz, Demores disse, "eu realmente gostaria que *alguém* me fizesse companhia... se *alguém* almoçasse comigo"... o tempo todo olhando para a cadeira e para mim. Demores repetiu a sugestão. Eu sorri e pensei, "Ah, a boa e velha técnica da 'cadeira vazia' da terapia *gestalt* e ela nem assistiu às aulas."

Olhei para Jim como se para perguntar se tínhamos tempo para ficar, mas ele sinalizou que era hora de voltarmos para o *workshop*. Sem querer sair abruptamente, peguei o biscoito que ela ofereceu e tentei usar uma estratégia terapêutica que normalmente funciona para ajudar as crianças com dificuldades de separação. Perguntei se ela tinha um amigo imaginário ou um personagem preferido de desenho animado que poderia fazer companhia a ela. Mas, Demores era muito mais esperta do que eu. Enfaticamente, balançou a cabeça e, gritou , "NÃO, eu quero alguém REAL, não um alguém de faz-de-conta".

Jim então entrou na conversa e explicou a ela que nós tínhamos que voltar para o auditório, que eu estava lá para falar sobre o ato de contar histórias e que aquele era um momento especial para fazermos uma visita rápida às crianças do hospital, mas eu não podia ficar. Eu também disse a Demores o quanto gostaria de poder me sentar e compartilhar da sua companhia durante o almoço, mas eu simplesmente não podia ficar. Por dentro, senti um desejo secreto de poder atender ao pedido dela, mas realmente era hora de ir.

Antes de sair, perguntei a Demores se eu podia dar um beijo de despedida nela. "NÃO", retrucou, em tom amuado. Então perguntei se podia talvez *mandar* um beijo para ela. Com seus cachinhos balançando para frente e para trás e os lábios cerrados, balançou a cabeça de um lado para o outro, indicando um "NÃO" definitivo outra vez. Claro, entendi que se ela aceitasse o beijo isso significaria que teria que concordar com a despedida e ela não queria fazer isso... queria que eu ficasse.

Por alguma razão, a banana que ainda não havia sido comida na sua bandeja me chamou a atenção e, uma idéia surgiu... Com muito carinho, disse a Demores que, se... *por acaso* ela quisesse um beijo mais tarde, eu deixaria um agora, só para ela, em um lugar especial. A menina olhou para mim com uma ponta de curiosidade com se fosse dizer, "*E agora Joyce, como você vai fazer isso?*"

Eu então peguei a banana devagar, abaixei-me toda, beijei a bandeja e depois, gentilmente, recoloquei a banana sobre o beijo. Olhando suavemente nos olhos dela eu disse, "Sabe, Demores, de tempos em tempos todo mundo quer ganhar um beijo, então eu vou deixar este beijo aqui para você bem debaixo da banana. Talvez mais tarde, não sei quando, você poderá querer um... e tudo que tem que fazer é levantar a banana e o beijo vai estar bem ali... esperando por você."

Dei adeus e, enquanto Jim e eu começamos a sair, virei minha cabeça para olhar para trás na enfermaria onde Demores ainda estava sentada. Demores se abaixou em direção à bandeja e olhou, curiosamente, para a banana. Devagar ela esticou sua pequena mão, levantou a banana e encostou sua bochecha bem no lugar onde eu tinha deixado o beijo. Demores deu um sorriso profundo, porque é claro que o beijo estava lá... exatamente onde o deixei.

Aquele pouco tempo com Demores me propiciou um momento de magia que ficará comigo para sempre. Ele me mostrou que, durante aqueles momentos que nos sentimos mais sem amor ou sozinhos, quando sentimos o medo invadindo nossa alma, precisamos nos lembrar de resgatar a conexão com a fé... com a magia da vida... com as nossas canções do coração... com as nossas almas... porque, veja, o beijo *está* sempre lá... temos apenas que nos permitir o tempo para procurar por ele.

Para todos os meus parentes

AGRADECIMENTOS

É repleta de amor e gratidão em meu coração que agradeço a cada uma destas pessoas especiais, parentes, amigos, irmãos e irmãs espirituais, clientes e alunos, cujo amor dedicado, amizade, confiança, sabedoria, inspiração e apoio me deram a base sobre a qual se fundamentam todas as minhas bênçãos e meus ensinamentos.

Primeiramente, ao meu amado esposo, Eddie, que conheci em um dia de dezembro em 1959 na Filadélfia enquanto dançava no American Bandstand. Às danças que dançamos e às danças que ainda vamos dançar. Sempre ouviremos a canção do coração.

Aos meus preciosos filhos, Todd e Casey, cuja paciência, compreensão e amor preencheram a tela da minha vida com beleza, desafio e significado. À Lynette, ao Tyler e ao Parker, que trazem mais alegria e brilho à vida de Casey e à vida de nossa família.

À minha irmã, Rosalie, que demonstrou amor incondicional quando eu mais precisava. À minha tia Bebe e à minha prima Helene, que estão sempre ali nos assuntos do coração.

A Bernie Mazel, Natalie Gilman, Suzie Tucker, Mark Tracten, Carl Hammerschlag, Richard Crowley, CharlesEtta Sutton, Mona Polacca, Cristina Whitehawk e Elaine Hammerschlag, cuja grande generosidade com seu tempo, orientação, amizade e apoio, agradeço profundamente.

A Marilia Baker, uma mulher extraordinária cuja sabedoria, gentileza e visão continuam a tocar minha vida nos aspectos sagrados do Espírito e Amizade. Dizem que anjos realmente não sabem que são anjos, e que seguem realizando suas tarefas na Terra com graça e humildade. Marilia é um desses anjos, e eu sou eternamente grata a ela por sua presença gentil e apoiadora em minha vida e por ser uma amável "parteira" no processo de nascimento desta edição brasileira. Meu profundo reconhecimento.

A Angela Cota, cujo cuidado, apoio e comprometimento à tradução do meu trabalho polinizam o jardim de histórias que curam e que considero tão importante compartilhar. Minha gratidão não encontra barreiras e flui como um rio de reconhecimento do meu coração ao seu.

A Gustavo Mendonça, um generoso colega e escultor de palavras, cuja compreensão e comprometimento com a "alma" do meu trabalho tocam meu coração profundamente. Sua dedicação cuidadosa para dar forma a cada palavra e frase, para que transmitam a mensagem original, me lembra da verdadeira magia da natureza humana e dos relacionamentos. Um "muito obrigada" especial.

A Adriana Mancini, Eliete Alves Pinto e Ângela Castro, meu sincero agradecimento a cada uma pelo cuidado que tão generosamente tiveram no esforço de tradução das minhas idéias, palavras e histórias. Seus talentos, comprometimento e tempo são muito apreciados.

Àqueles parentes em espírito que continuam a abençoar minha vida com seus ensinamentos tribais sagrados de visão e oração e cujas histórias e amizade ajudaram a trazer um arco-íris para minha vida no meio de uma grande tempestade.

A todos os clientes e amigos cujas histórias foram entrelaçadas na trama deste livro.

A Stephen Gilligan, Ernest Rossi, Jeffrey Zeig, Violet Oaklander, e aos outros muitos colegas, profissionais, mentores, que apoiaram, através dos anos, meus ensinamentos e aprendizagens.

E à memória de Milton H. Erickson, cujos ensinamentos abrem caminho para os potenciais de cura dentro de nós.

A cada um de vocês citado e aos muitos não citados, digo "Obrigada", de coração.

Mitakuye oycin[1]

[1] Na língua da tribo Lakota significa: A todos aqueles e aquelas a quem estamos conectados.

REFERÊNCIAS

INTRODUÇÃO

1. VAN DER POST, Laurens. *The heart of the hunter*. New York: Harcourt Brace, 1980. (Citação de D. H. Lawrence)

2. ESTÉS, Clarissa Pinkola. *Mulheres que correm com os lobos*: mitos e histórias do arquétipo da mulher selvagem. Rio de Janeiro: Rocco, 1992.

3. MILLS, Joyce C. & CROWLEY, Richard J. *Therapeutic metaphors for children and the child within*. Philadelphia, PA: Brunner/ Mazel, 1986.

PARTE I. RENOVANDO A PARTIR DAS RAÍZES

1. Provérbio havaiano.

2. DICKINSON, Emily. "Hope." *Poems*. 1980.

3. VAN DER POST, Laurens. *Jung e a história de nosso tempo*. Rio de Janeiro: Civilização Brasileira, 1992.

4. CAMPBELL, Joseph, com MOYERS, Bill. *O poder do mito*. São Paulo: Palas Athena, 1990.

5. HAMMERSCHLAG, Carl A. *O roubo do espírito*. Rio de Janeiro: Nova Era, 1995.

6. DOSSEY, Larry. *As palavras curam*: o poder da prece e a prática da medicina. São Paulo: Cultrix, 1999.

7. BORYSENKO, Joan & BORYSENKO, Miroslav. *The power of the mind to heal*. Carson, CA: Hay House Inc., 1994

8. VAN DER POST, Laurens. *Jung e a história de nosso tempo*. Rio de Janeiro: Civilização Brasileira, 1992.

9. MILLS, Joyce C. & CROWLEY, Richard J. *Therapeutic metaphors for children and the child within*. Philadelphia, PA: Brunner/ Mazel, 1986.

10.MILLS, Joyce C. *Gentle willow*: a story for children about dying. Washington, DC: Magination, 1993.

11.MILLS, Joyce C. *Little tree*: a story for children with serious medical problems. Washington, DC: Magination, 1992.

PARTE II. LIÇÕES APRENDIDAS DO MUNDO NATURAL

1. SWAIN, James A. *Nature as teacher and healer*. New York: Villard, 1992.

2. BAYLOR, Byrd & PARNALL, Peter. *The other way to listen*. New York: Charles Scribner´s Sons, 1978

3. CHOPRA, Deepak. *A cura quântica*: o poder da mente e da consciência na busca da saúde integral. São Paulo: Best Seller, 1989.

4. DOSSEY, Larry. *As palavras curam*: o poder da prece e a prática da medicina. São Paulo: Cultrix, 1999.

5. HAMMERSCHLAG, Carl A (1993). *A dança dos curandeiros*: a iniciação de um médico nas artes de cura dos índios norte-americanos. Rio de Janeiro: Nova Era, 1994.

6. HAMMERSCHLANG, C. *The go-away doll*. Phoenix, AZ: Turtle Island, 1998.

7. NORTHRUP, Christiane. *Women´s bodies, women´s wisdom*. New York: Bantam, 1994/95.

8. REMEN, Rachel Naomi. *Histórias que curam*: conversas sábias ao pé do fogão. São Paulo: Ágora, 1998.

9. SIEGEL, Bernie S. *Amor, medicina e milagres*. São Paulo: Best Seller. 1989.

10.SIEGEL, Bernie S. *Prescriptions for living*. New York: HarperCollins, 1998.

11.WEIL, Andrew (1995). Cura esponânea: como descobrir e intensificar sua capacidade natural de manter a saúde e o bem-estar. Rio de Janeiro: Rocco, 1996.

12. MUIR, John, citado em SWAIN, James A. *Nature as teacher and healer*. New York: Villard, 1992.

13. CHOPRA, Deepak. *Criando prosperidade*: a consciência da fartura no campo de todas as possibilidades. São Paulo: Best Seller, 2002.

14. CHOPRA, Deepak. *As sete leis espirituais do sucesso*: um guia prático para realização de seus sonhos. São Paulo: Best seller, 2001.

15. DE SAINT-EXUPERY, Antoine. *O pequeno príncipe*. Rio de Janeiro: Agir, 1996.

16. ORNISH, Dean. *Dr. Ornish's program for reversing coronary artery disease*. New York: Random House, 1990.

17. ANGELOU, Maya. *Even the stars look lonesome*. New York: Random House, 1997.

18. DICKINSON, Emily. "Cocoon Forth a Butterfly." *Poems*. 1890.

19. WALLEY, Paul. *Butterfly & Moth*. New York: Eyewitness Books/Alfred A. Knopf. 1988.

20. PAULUS, Trina. *Hope for the Flowers*. New York: Paulist Press, 1972. (Em português: *Esperança para as flores*.)

21. THOREAU, Henry David – Journal, 23 de agosto de 1853. Citado em SWAIN, James A. *Nature as teacher and healer*. New York: Villard, 1992.

22. GIONO, Jean. *O homem que plantava árvores*. Rio de Janeiro: Ediouro, 1996.

23. ANGELOU, Maya. *Even the stars look lonesome*. New York: Random House, 1997.

24. MCNALLY, David. *Até as águias precisam de um empurrão*: aprendendo a voar num mundo em mudança. Rio de Janeiro: Pronet, 1995.

PARTE III. RESTAURANDO O SUSPIRO DA VIDA

1. VAN DER POST, Laurens. *About blady*: a pattern out of time. New York: William Morrow, 1992.
2. OVID, *Metamorphoses,* XV, como citado em CAMPBELL, Joseph (1976). *O herói de mil faces.* São Paulo: Cultrix/ Pensamento, 1988.
3. MOMADAY, N. Scott. *In the presence of the sun*: stories and poems, 1961-1991. New York: St. Martin, 1992.
4. FENG, Gia-Fu & ENGLISH, Jane. *Tao Te Ching; Lao-tzu*: a new translation. New York: Vintage, 1972.
5. PROVÉRBIOS 4:23.
6. LEE, Pali J. & WILLIS, Koko. *Tales of the night rainbow.* Honolulu, Havaí: Night Rainbow, 1990.
7. NESTEL, Fran. *Ka Ipu Kukui* (The Bowl of Light): a picture-songbook. Honolulu, Havaí: Night Rainbow, 1996.
8. VAN DER POST, Laurens. Epígrafe em *A story like the wind.* New York: Harcourt Brace Jhavanovich, 1972.
9. KUSHNER, Lawrence. *Honey from the rock.* Woodstock, Vermont: Jewish Lights. 1994.
10. ZUKOW, Bud & SAYLES, Nancy. *Baby*: an owner´s manual - A beloved pediatrician answers your first 365 phone calls. New York: Kensington. 1996.
11. ESTÉS, Clarissa Pinkola. *Mulheres que correm com os lobos*: mitos e histórias do arquétipo da mulher selvagem. Rio de Janeiro: Rocco, 1992.
12. HANH NHAT, Thich. *Momento presente, momento maravilhoso*: versos para cultivar a plena atenção na vida diária. Rio de Janeiro: Sextante, 2004.
13. HILLEL. *Pirke Avot* I: 14.

PARTE IV. RITUAIS E CERIMÔNIAS PARA LEMBRAR O QUE MERECE SER APRECIADO E CULTIVADO

1. BURNE-JONES, E. C., para WILDE, Oscar. 1880.
2. TUCKER III, Gershon A. *Comunicação pessoal para CharlesEtta Sutton*. 1993.
3. GIBRAN, Kahlil. *O profeta*. São Paulo: Mandras, 2002.
4. *Little miracles*. Citação de Thomas Carlyle. Edmonds, Washington: Compendium, 1996-1998.
5. HAMMERSCHLAG, Carl A. & SILVERMAN, Howard D. *Healing ceremonies*. New York: Berkley, 1997.
6. SEN XV, Soshitsu. *Tea life, tea mind*. New York: John Weatherhill, 1979/76.
7. DOE, Mimi & WALLER, Garland. *Drawing angels near*. New York: Pocket, 1995.
8. MILLS, Joyce C. *Stories of the Dreamwalkers*. (Edição Limitada). Distribuído pela autora. Kekaha, Havaí, 1989.

8a. MILLS. Joyce C. Citação pessoal. 1998.

9. HANH NHAT, Thich. *Para viver em paz*: o milagre da mente aberta. Petrópolis: Vozes, 2002.
10. DOE, Mimi & WALLER, Garland. *Drawing angels near*. New York: Pocket, 1995.
11. REMEN, Rachel Naomi. *Histórias que curam*: conversas sábias ao pé do fogão. São Paulo: Ágora, 1998.

PARTE V: DOAR... COMPARTILHANDO A VISÃO

1. CARTER, Forrest. *Education of little tree*. Albuquerque, New Mexico: University of New Mexico, 1976.

2. *Little miracles*. Citação de Anne Frank. Edmonds, Washington: Compendium, 1996-1998.

3. HAMMERSCHLAG, Carl A (1993). *A dança dos curandeiros*: a iniciação de um médico nas artes de cura dos índios norte-americanos. Rio de Janeiro: Nova Era, 1994.

4. *Little miracles*. Citação de Mother Teresa. Edmonds, Washington: Compendium, 1996-1998.

5. LOOKING HORSE, Arvol. *Letter for world peace and prayer day*. 1996.

6. VAN DER POST, Laurens. *Walk with a white bushman*. New York: William Morrow, 1987.

7. GANDHI, Arun. *Non-violence or nonexistence*: options for the 21st Century. Uma apresentação para a National Speakers Association. 1996.

8. SIEGEL, Bernie S. *Prescriptions for living*. New York: HarperCollins, 1998.

9. GIBRAN, Kahlil. *O profeta*. São Paulo: Mandras, 2002.

10. STEINBERG, Naomi. *The dybbuk and other stories for reading aloud*. Carlotta, Califórnia: Naomi Steinberg, 1995.

11. *Little miracles*. Citação de Mike Ruhland. Edmonds, Washington: Compendium, 1996-1998.

12. BASLAW-FINGER, Annette. "Message in a starry sky" na *Reader´s Digest*. Pleasantville, NY: The Reader´s Digest Association, November, 1993.

EPÍLOGO

1. WALLER, Robert J. *Old songs in a new café*. New York: Warner, 1994.

TAMBÉM DE JOYCE C. MILLS

Mills, Joyce C & Crowley, Richard J. *Therapeutic metaphors for children and the child within.* Nova York: Brunner/Mazel, 1986

Mills, Joyce C. *Little Tree*: a story for children with serious medical problems. Washington, DC: Magination, 1992.

Mills, Joyce C. *Gentle Willow: a story for children about dying.* Washington, DC: Magination, 1993

Mills, Joyce C & Crowley, Richard J. *Sammy the Elephant and Mr. Camel.* Washington, DC: Magination, 1988.

Mills, Joyce C. *Stories of the Dreamwalkers* (Edição Limitada). Distribuído pela autora. Kekaha, Havaí, 1989.

Mills, Joyce C & Crowley, Richard J. *Cartoon magic: how to help children discover their rainbows within.* Washington, DC: Magination, 1989.

LEITURAS RECOMENDADAS

CANFIELD, Jack, HANSEN, Mark V. & MCNAMARA, Heather. *Histórias para aquecer o coração*: 50 histórias de vida, amor e sabedoria. Rio de Janeiro: Sextante, 2001.

COTA, Angela & MENDONÇA J. Augusto. *Abrindo portas com amor*: caminhos na educação dos filhos e na prevenção de problemas futuros. Belo Horizonte: Diamante, 2002.

CROWLEY, Richard J. & MILLS, Joyce C. *Cartoon magic*: how to help children discover their rainbows within. Washington, DC: Magination Press, 1989.

FABRE, Cecilia. (Ed.). *Fazenda esperança*: histórias que ajudam pequenos e grandes. Belo Horizonte: Diamante, 2004.

LAMA, Dalai & GOLEMAN, Daniel. *Mundos em harmonia*: diálogos sobre a prática da compaixão. São Paulo: Claridade, 2001.

HORN, Sam. *Tongue Fu*. New York: St. Martin, 1996.

HORN, Sam. *Concrete confidence*. New York: St. Martin, 1998.

Little Miracles. Cartas com citações inspiradoras. Woodinville, Washington: Compendium.

MILLS, Joyce C. & CROWLEY, Richard J. *Sammy the Elephant and Mr. Camel*. Washington, DC.: Magination, 1988.

ROBLES, Teresa. *Autohipnose*: aprendendo a caminhar pela vida. Belo Horizonte: Diamante, 2001.

RECURSOS ADICIONAIS

Joyce C. Mills oferece palestras, trabalho de consultoria e programas de treinamento por todo o mundo. Todas as apresentações são feitas sob medida para atender às necessidades individuais de cada grupo. As consultas de reforço e o treinamento de pequenos grupos estão disponíveis quando solicitados.

INFORMAÇÕES PARA CONTATO:

Joyce C. Mills, Ph.D. LMFT, LLC
Diretora de *Creative Solutions for Positive Change*
Diretora de *The StoryPlay Center*, Scottsdale Arizona.
Codiretora de *The Phoenix Institute of Ericksonian Therapy*
Supervisora credenciada em Ludoterapia (*Play Therapy*)
E-mail: drjoyce@drjoycemills.com
Website: www.drjoycemills.com

O *Turtle Island Project* é uma organização sem fins lucrativos dedicada à visão de saúde e cura. Para mais informações com relação às Jornadas e Retiros para a Saúde e Cura.

INFORMAÇÕES PARA CONTATO:

The Turtle Island Project, Inc.
E-mail: turtleislandprojectinfo@earthlink.net
Website: www.turtleislandproject.com

O Instituto Milton H. Erickson de Belo Horizonte oferece formação e supervisão em psicoterapia e hipnoterapia ericksoniana para psicólogos e cursos na abordagem ericksoniana para profissionais da área de saúde e educação. Oferece também atendimento em psicoterapia dentro da abordagem ericksoniana para crianças, adolescentes, adultos, casais e família, além de trabalhos com grupos, incluindo Grupo de Crescimento e Grupo de Orientação de Pais. Promove também Cursos e Workshops com professores internacionais e nacionais renomados na área de saúde.

INFORMAÇÕES PARA CONTATO:

Instituto Milton H. Erickson de Belo Horizonte

Diretora Presidente: Angela Cota

Rua Conde Linhares, 980 – Cidade Jardim

Belo Horizonte – MG – 30380-640

Telefone/Fax: (31) 3344-8447 / 3296-5299

E-mail: instituto@ericksonbh.com.br

Website: www.ericksonbh.com.br

O *Phoenix Institute of Ericksonian Therapy* foi estabelecido em 2004 por Steve Lankton, Joyce C. Mills e Kathleen Donaghy, co-diretores. Além de serviços terapêuticos e de supervisão clinica, promove formação e capacitação de profissionais de saúde, nacional e internacionalmente, na abordagem ericksoniana. Marilia Baker e Dan Short além de membros fundadores, são terapeutas e professores afiliados.

INFORMAÇÕES PARA CONTATO:

Phoenix Institute of Ericksonian Therapy
Phoenix, Tucson & Sedona, Arizona
P.O.Box 9489, Phoenix, AZ 85068
Diretor Executivo: Stephen Lankton, MSW, DAHB
Website: www.phxinstitute.com

The Milton H. Erickson Foundation oferece programas de capacitação destinados a profissionais da ciência da saúde. O objetivo da Fundação é expandir e promover, de forma ética e profissional, por todo o mundo, a compreensão e a prática da hipnose clínica e médica, e da hipnoterapia, através das contribuições ao campo pelo Dr. Milton H. Erickson.

INFORMAÇÕES PARA CONTATO:

The Milton H. Erickson Foundation, Inc.
Diretor Presidente: Jeffrey K. Zeig, Ph.D.
3606 North 24th Street
Phoenix, Arizona 85016-6500
E-mail: office@erickson-foundation.org
Website: www.erickson-foundation.org

Acredito que nunca teremos histórias suficientes. Elas são os presentes e os legados que compartilhamos com todos. Se você tem uma história sua curta e inspiradora, que sente, que se encaixa no espírito deste livro e gostaria de compartilhar com outros, convido você a enviá-la para mim para sua possível inclusão no próximo livro intitulado *Butterfly Magic Stories*. Se for selecionada, você continua com todos os direitos de usá-la em qualquer outra publicação ou projetos pessoais, e mande seu endereço, telefone/ número de fax/ e-mail para:

INFORMAÇÕES PARA CONTATO:

Joyce C. Mills, Ph.D., LMFT, LLC
Imaginal Press
10249 North 25th Street
Phoenix, Arizona 85028
Tel. (602) 923-2704
Fax: (602) 595-3760
Email: drjoyce@drjoycemills.com
Web: www.drjoycemills.com

Obrigada por seu interesse e apoio, e lembre-se de que a *Magia* está aí quando tiramos um tempo para procurar por ela.

Com Aloha,

Joyce C. Mills

EDITORA DIAMANTE

Entre em contato conosco
Telefone: (31)3293-1812 - Fax: (31)3344-8447
e-mail: diamante@ericksonbh.com.br

Este livro foi impresso em papel
POLEN BOLD NATURAL 90grs,
com coloração levemente amarelada
para maior conforto na leitura.
Impresso na Artes Gráficas Formato Ltda.